T0131586

IT kompakt

Die Bücher der Reihe „IT kompakt" zu wichtigen Konzepten und Technologien der IT:

- ermöglichen einen raschen Einstieg,
- bieten einen fundierten Überblick,
- eignen sich für Selbststudium und Lehre,
- sind praxisorientiert, aktuell und immer ihren Preis wert.

Stefan Brassel • Andreas Gadatsch

Softwarelizenzma-nagement kompakt

Einsatz und Management von Public Cloud Services

2. Auflage

Stefan Brassel
Bechtle GmbH
Würselen, Deutschland

Andreas Gadatsch
Hochschule Bonn-Rhein-Sieg
Sankt Augustin, Deutschland

ISSN 2195-3651   ISSN 2195-366X (electronic)
IT kompakt
ISBN 978-3-658-39844-6   ISBN 978-3-658-39845-3 (eBook)
https://doi.org/10.1007/978-3-658-39845-3

Die Deutsche Nationalbibliothek verzeichnet diese Publikation in der Deutschen Nationalbibliografie; detaillierte bibliografische Daten sind im Internet über http://dnb.d-nb.de abrufbar.

Springer Vieweg
© Springer Fachmedien Wiesbaden GmbH, ein Teil von Springer Nature 2019, 2023

Lektorat/Planung: Petra Steinmueller
Springer Vieweg ist ein Imprint der eingetragenen Gesellschaft Springer Fachmedien Wiesbaden GmbH und ist ein Teil von Springer Nature.
Die Anschrift der Gesellschaft ist: Abraham-Lincoln-Str. 46, 65189 Wiesbaden, Germany

Vorwort zur 2. Auflage

Softwarelizenzmanagement ist ein wichtiges Trendthema, das sich sehr schnell verändert. Nach Erscheinen der ersten Auflage dieses Buches erreichten uns als Autoren eine Reihe von Anfragen zu speziellen Aspekten, was auch zu weiteren Aufsatzveröffentlichungen geführt hat. Wir haben die 2. Auflage in vielerlei Hinsicht überarbeitet, um aktuellen Entwicklungen Rechnung zu tragen.

Der geänderte Untertitel „Einsatz und Management von Public Cloud Services" unterstreicht den Zusammenhang der Themen „**Softwarelizenzen**" und „**Cloud Computing**". Wir haben diesen Aspekt daher intensiver berücksichtigt. Hierdurch hat sich auch die Struktur des Buches geändert.

Aufgrund der beständig wachsenden Bedeutung in der Diskussion um s.g. Datenautonomie und Nutzungsrechte, wurde Kap. 2 überarbeitet und um einen Einblick in das Thema: Open Source Software erweitert.

Neu hinzugekommen ist Kap. 6, welches sich mit Implementierungsfragen von Public Cloud Services beschäftigt. Darüber hinaus wurde die grafische Darstellung aktualisiert und einheitlich gestaltet, um den Leserinnen und Lesern auch optisch ein neues Angebot zu machen.

Wir danken im Rahmen der 2. Auflage Frau Sylvia Nolte für die inhaltliche Unterstützung in Bezug auf die Überarbeitung von Kap. 3 sowie freiart® für die grafische Gestaltung.

Fachbücher wie diese sind nie fehlerfrei und müssen ständig aktualisiert werden. Wenn Sie Verbesserungsvorschläge haben, dann bitten wir uns diese gerne über die Emailadresse andreas. gadatsch@h-brs.de zukommen zu lassen.

Würselen, Deutschland   Stefan Brassel
Sankt Augustin, Deutschland   Andreas Gadatsch
19.08.2022

IBM und Open Source

In diesem Vorwort möchte ich die Haltung der IBM zu Open Source darlegen und die Autoren des Buches unterstützen.

IBM hat eine lange Geschichte und Tradition in der Unterstützung von Open Source. Vor der Akquisition von Red Hat wurde dies aber primär in den entsprechenden Communities wahrgenommen. Erst mit der Übernahme von Red Hat im Jahre 2018 wurde dies einer breiteren Masse transparent.

IBM war ein sehr früher Unterstützer bekannter Open Source Projekte, wie Linux, Apache oder Eclipse. Der erste größere Beitrag bestand dabei aus der Unterstützung von Linux bereits in den 90er-Jahren und einem Invest von 1 Mrd. USD zur breiteren Nutzung von Linux.

IBM half darüber hinaus bei der Gründung der Linux Foundation im Jahr 2000 und der Apache Software Foundation im Jahr davor sowie der Eclipse Foundation in 2004.

In diese Projekte arbeiteten jeweils IBM Mitarbeiter an der Weiterentwicklung, es wurden Tausende Zeilen Code zur Verfügung gestellt, an Governance und Lizenz Themen mitgewirkt usw.

In den letzten Jahren engagierte sich IBM in zahlreichen bekannten Open Source Projekten wie Cloud Foundry, OpenStack, OpenWhisk, Docker, Kubernetes, Istio, Blockchain HyperLedger, AI Fairness, MQTT und vielen weiteren.

Eines der aktuell spannendsten Themen entsteht rund um Quantencomputing. In 2016 wurde Qiskit, ein Open Source Quantum Computing Framework vorgestellt. Quantencomputing verspricht Fragestellungen lösen zu können, welche wir mit klassischen Computern nicht adressieren können. Die Eröffnung des ersten kommerziell nutzbaren Quantencomputers Europas in der IBM Zentrale in Ehningen bildete dabei einen Beschleuniger für den Aufbau von Wissen in Deutschland.

Steffen Güntzler
Principal Ecosystem Manager
IBM Deutschland GmbH
Ehningen, Deutschland

Geleitworte zur 1. Auflage

Geleitwort von Axel Feldhoff, Bereichsvorstand Bechtle AG, Neckarsulm

Häufig stehen sich akademisch fundierte Schlussfolgerungen und in der Praxis erworbene Erkenntnisse unversöhnlich gegenüber.

Den beiden Autoren Dipl. Kfm. Stefan Brassel, M.A. Leiter des Bereiches License und Cloud Technology Consulting des zur Bechtle AG gehörenden IT-Systemhauses Aachen, sowie Prof. Dr. Andreas Gadatsch Leiter des Studiengangs ‚Innovations- und Informationsmanagement' an der Hochschule Bonn-Rhein-Sieg, gelingt mit diesem Buch der entscheidende Brückenschlag zwischen der reinen Theorie und der für die Wirtschaft wichtigen Nutzbarkeit dieser Erkenntnisse.

Hierzu folgen die Autoren dem Konzept der sauberen begrifflichen Trennung zwischen dem immateriellen Wirtschaftsgut Software, sowie den sich zunehmend hieraus entwickelnden hybriden Leistungsbündeln (Public Cloud Services).

Die praxisnahen Ansätze und Handlungsempfehlungen basieren dabei auf diesen nachvollziehbaren theoretischen Erkenntnissen, ohne dass diese dabei zum akademischen Selbstzweck werden.

Schlussendlich ‚entmystifizieren' die Autoren somit auch in wohltuender Weise den Begriff ‚Cloud'.

Geleitwort von Jean-Claude Hick, CIO P3 Group, Aachen

Man schätzt und schützt nur was man kennt – Software Lizenz Management als Teil ihrer Unternehmensstrategie und -Compliance.

Wie viele Apps haben Sie in den letzten Monaten aus dem Internet auf ihren Unternehmenslaptop geladen, ohne einen eingehenden Blick in die Lizenzvereinbarungen geworfen zu haben? Sie hätten dann möglicherweise erfahren, dass ein gewerblicher Einsatz nur im Rahmen der endgeldlichen Unternehmensversion erlaubt ist.

Oder erinnern Sie sich noch an Ihren letzten Anruf bei der hausinternen IT Abteilung, dass Sie „mal kurz" eine zusätzliche Applikation benötigen um Ihr Projekt oder Angebot erfolgreich abzuschließen? Und natürlich hat Sie der IT Kollege spontan in Ihrem Anliegen unterstützt und die Applikation auf Ihrem Laptop installiert. Nur wurde aus „mal kurz" dann eine unbegrenzte Nutzungsdauer.

Sie erkennen sich hier nicht wieder? Gut gemacht – dann haben zumindest Sie sich einen ersten persönlichen Erfolg gesichert.

Denn die Wahrnehmung von Software Lizenz Management ist erstaunlicherweise in der heutigen Zeit in vielen kleinen und mittelständischen Unternehmen nicht ausreichend gegeben – sowohl in der IT als auch auf Management Ebene. Vielfach wird Lizenz Management ausschließlich Lizenzaudits gleichgesetzt. Beide haben in ihren Grundzügen einige Gemeinsamkeiten, in ihrer Zielsetzung aber sind sie stark unterschiedlich. Lizenzaudits sind in der Regel Hersteller- oder Gesetzgebertrieben und werden meist durch ernannte Drittparteien wie z. B. unabhängige Wirtschaftsprüfer durchgeführt. Ihr Ziel ist der Schutz des geistigen Eigentums des Herstellers und entspricht daher final einem Mängelbericht. Ausgespart werden bei den Audits meist die Optimierungsmöglichkeiten wie z. B. Behebung von Überlizensierung oder Lizenzkonsolidierung. Um gegen solche Missstände ausreichend gewappnet zu sein sind Unternehmen aufgerufen, durchgehend eigeninitiiertes Lizenz Management und Controlling zu betreiben, welches die Verwaltung, die Kontrolle und den Schutz der immateriellen Software Assets gewährleistet. Neben der Hersteller-Compliance (Audits) sind damit auch Transparenz und die Möglichkeiten zur Kostenoptimierung gegeben.

Den Übergang von der ursprünglich auf Systembasis erfolgten Software Lizenzierung hin zu virtualisierten Umgebungen dürften die meisten Unternehmen inzwischen erfolgreich bewältigt haben, wenn auch gelegentlich noch Unschärfen in der exakten Bestimmung von Kapazitäten und somit Lizenzen bestehen dürften. Die mit Public Cloud Services eingeführten neuen Lizenzmodelle stellen einen erheblich größeren Komplexitätsgrad im Rahmen des Software Lizenz Managements dar – insbesondere, weil sich die Anforderungen mit zunehmender Erfahrung und Vertrauen in die Cloud stetig verändern. Wenn dann Lizenzbestimmungen innerhalb eines Cloud Providers von Produkt zu Produkt auch noch unterschiedlich geregelt sind – wie beispielsweise bei Microsoft Azure wo sowohl kapazitäts- als auch transaktionsoder prozessorleistungsabhängige Lizenzierungen herangezogen werden- dann gilt es umso mehr, Lizenzmanagement-Prozesse unternehmensweit zu etablieren. Dafür müssen zwei Parteien in die Pflicht genommen werden: die Fachabteilungen, die aufgrund ihrer Digitalisierungsbestrebungen, dem „Need for speed" oder der Kostenoptimierung Cloudservices identifizieren und die dahinterliegenden Lizenzmodelle verstehen müssen. Und die Unternehmensführung, oftmals vertreten durch den CIO oder CTO, die eine ganzheitliche Cloud Sourcing Strategie definieren muss damit nicht zuletzt das zukünftige Cloud basierte IT Betriebsmodell ausgewogen mit den verbleibenden IT Infrastrukturmodell gestaltet werden kann. Gerade die Kostenoptimierung hat einen massiven Einfluss auf die traditionellen Governance-Strukturen eines Unternehmens. Während bei traditioneller Beschaffung die Lösungs-Konzepte hinsichtlich Architektur, Sicherheit, Datensouveränität und Compliance in internen Gremien und Review-Zyklen abgestimmt wurden, sind Cloud Services nur noch operative Dienste mit eigenem Design und eigener Compliance.

Wer daher nur eine kurzfristige oder rein auf finanzielle Optimierung ausgerichtete Lizenzierungsstrategie verfolgt, erfährt in dem vorliegenden Werk welche Fallstricke und Tücken sich oftmals dahinter verbergen.

Die langjährige Erfahrung beider Autoren im Lizenzmanagementbereich zeigt sich in den vielfältigen und detailreichen Betrachtungen. Ob es die bei manchen Herstellern von der Beschaffungsform abhängigen unterschiedlichen Nutzungsrechte betrifft (Boxprodukte oder Volumenlizenzen), den Vorteilen von Wartungsverträgen bei Betriebssystem- und Applikations-Virtualisierung (Verlagern von Virtuellen Maschinen zwischen Virtualisierungshosts), oder den zum Teil stark unterschiedlichen Lizenzierungsmodellen bei Public Cloud-Diensten. Die vermehrte Verlagerung von klassischen Lizenzmodellen hin zu Cloud basierenden IT Services mit Lizenzanteil drängt die Kunden in Richtung „Business Process Outsourcing", was unweigerlich – wie in Kap. 4 dargestellt – zu einer veränderten Handhabung der Themen IT Sourcing Strategie, Governance, Risk und Compliance führt. Den Wirkungsradius dieser Veränderungen zu verinnerlichen, ihn sinnvoll im Rahmen des Software Lizenz Management einzubeziehen und weiter zu entwickeln, diesem Anspruch werden die beiden Autoren sowohl mit diesem Werk, als auch in ihrem täglichen Kampf an der Hersteller- und Kundenfront, gerecht.

Geleitwort von Prof. Dr. Alexandra Kees, Köln
Mit dem Softwarelizenzmanagement verbinden viele Praktiker und Wissenschaftliche den Einkauf von Softwarelizenzen und deren administrative Überwachung mit dem Ziel, eine Unter- oder Überlizenzierung zu vermeiden. Mittlerweile hat sich der Softwaremarkt jedoch zu einem cloudbasierten Markt für ausgelagerte Prozesse verändert. Große IT-Anbieter wie SAP oder Microsoft bieten nicht mehr nur Lizenzen für die Nutzung ihrer Software an, sondern ganze Leistungsbündel bestehend aus zahlreichen Prozesskomponenten.

Mit dem Buch von Stefan Brassel und Andreas Gadatsch wird eine Lücke im Buchmarkt geschlossen. Die Autoren zeigen auf, welche Veränderungen im Softwarelizenzmanagement stattfinden und welche Auswirkungen dies für das Management im Unternehmen hat. Nicht mehr nur der Einkäufer für IT ist in Zukunft der Ansprechpartner für diese Thematik, sondern zunehmen der Chief Digital Officer oder sogar der Chief Executive Officer.

Geleitwort von Prof. Dr. Ayelt Komus, Koblenz

Agile Softwareentwicklung und agile Prozesse sind in vielen Unternehmen in der Realität angekommen. Beim Thema „Softwarelizenzmanagement" herrscht jedoch nach wie vor „traditionelles Denken" vor. Die Fachseite definiert die Anforderungen, die IT setzt um und beschafft ggf. notwendige Softwarelizenzen über den IT-Einkauf.

Dieses Bild hat in agilen Zeiten ausgedient. Der Softwaremarkt hat sich zu einem Markt für Business Process Outsourcing in Verbindung mit Cloudlösungen gewandelt. Wer heute Software einkauft, der kauft keine Lizenzen mehr, sondern Business Prozesse inclusive der notwendigen Technologie. Von daher ist der von Stefan Brassel und Andreas Gadatsch propagierte Managementorientierte Ansatz für ein Softwarelizenzmanagement nur konsequent und längst überfällig. Mit dem Werk wird eine Lücke im IT-Buchmarkt geschlossen.

Inhaltsverzeichnis

Abkürzungen

CDO	Chief Digital Officer (Verantwortlicher für Digitalisierungsmaßnahmen), auch: Chief Data Officer (Verantwortlicher für Big Data-Anwendungen und/oder datengetriebene Geschäftsmodelle)
CEO	Chief Executive Officer (Typischerweise Geschäftsführer)
CIO	Chief Information Officer (Chief Information Officer)
EPK	Ereignisgesteuerte Prozesskette
HANA	High Performance Analytic Appliance (Produkt der SAP AG, Walldorf)
IT	Informationstechnologie
MS	Microsoft
OEM	Original Equipment Manufacturer (Erstausrüster)
WI	Wirtschaftsinformatik

Einführung 1

Zusammenfassung

Das Management von Softwarelizenzen war bislang ein vernachlässigtes Thema in der Literatur. Zudem wurde es primär als Aufgabe der IT-Abteilung betrachtet. Die Veränderungen der letzten Jahre haben gezeigt, dass diese Sicht nicht mehr zeitgemäß ist. Das Buch versucht daher einen Managementansatz darzustellen, der aufzeigt, das modernes Lizenzmanagement mehr ist, als die Beschaffung und Administration von Softwarelizenzen.

1.1 Zielsetzung

Die Autoren sind in Praxis und Wissenschaft mit Themen des Lizenzmanagements und -controlling betraut. Es fällt auf, dass die vorhandene Literatur sich kaum mit Fragen des IT-Softwaremanagements beschäftigt. Wenn überhaupt, findet der Leser eher operativ ausgerichtete Literatur, die sich primär an IT-Administratoren und Verantwortliche für die Kostenverrechnung richtet. Ein managementorientierter Ansatz wird meist nicht behandelt.

Diese Lücke soll das vorliegende Buch schließen. Es soll die fachlichen Zusammenhänge darstellen, die aktuellen Veränderungen im Markt aufzeigen und dem Management die notwendigen Handlungsempfehlungen geben.

© Springer Fachmedien Wiesbaden GmbH, ein Teil von Springer Nature 2023
S. Brassel, A. Gadatsch, *Softwarelizenzmanagement kompakt*, IT kompakt, https://doi.org/10.1007/978-3-658-39845-3_1

1.2   Zielgruppe und Leserkreis

Angesichts der Veränderungen im Softwaremarkt haben die Verfasser das Buch in erster Linie für die Führungskräfte in den Unternehmensleitungen und IT-Abteilungen, aber auch für Verantwortliche des Geschäftsprozessmanagements geschrieben. Insbesondere sollten sich CEO, CIO, CDO, IT-Leiter und Fachverantwortliche für das IT-Lizenzmanagement angesprochen fühlen. Ebenso ist es als ein praxisnahes Lehrbuch für Studierende der BWL, Informatik oder Wirtschaftsinformatik auf Masterniveau gedacht, nach Abschluss des Studiums häufig solche Fragestellungen auftreten werden.

1.3   Aufbau des Buches

Aufgrund der praxisorientierten Ausrichtung wurde der „theoretische" Teil sehr knapp gehalten. Einige Aspekte erschienen den Autoren jedoch so wichtig, dass sie nach der Einführung im 2. Kapitel „Management von Softwarelizenzen" behandelt werden. So werden zunächst zentrale Begriffe wie „Softwarelizenz", „Softwarelizenzmanagement" abgegrenzt sowie die Möglichkeiten der Verrechnung behandelt.

Anschließend widmet sich das Buch der „Praxis der Softwarelizenzierung". Um einen ausführlichen und praxisnahen Einblick in die Thematik sicherzustellen, beschränkt sich das dritte Kapitel auf das Anwendungsbeispiel „Microsoft".

Im vierten Kapitel wird eine Kernthese des Buches aufgegriffen und näher behandelt, die „Transformation von der Softwarelizenz zu Public Cloud Services". Dieser Aspekt ist insbesondere für das Top-Management wichtig. Wurde bislang eine Softwarelizenz gekauft (Recht zur Nutzung der Software) werden zunehmend ganze Prozesse eingekauft (Business Process Outsourcing). Der Markt ist rapide im Wandel.

Die Veränderungen des Softwaremarktes in Richtung einer stärkeren Nutzung von Cloud-Diensten führt auch zu Anpassungen im IT-Assetmanagement. Diese Aspekte werden im fünften Kapitel unter Nutzung von praxisnahen Einsatzszenarien diskutiert.

Zum Abschluss geben die Autoren Handlungsempfehlungen für das Management und weisen auf notwendige Änderungen der strategischen Ausrichtung der Unternehmen hin.

Management von Softwarelizenzen

2

Zusammenfassung

Software ist ein abstraktes Gut und Softwarelizenzen sind immaterielle Wirtschaftsgüter. Der Abschnitt definiert relevante Begriffe wie „Softwarelizenz" oder „Softwarelizenzmanagement" und geht in Grundzügen auf die bilanzielle Behandlung von Software ein. Weiterhin behandelt der Abschnitt die Einordnung des Lizenzmanagements in das IT-Controlling-Konzept und beschreibt hier die wesentlichen Aufgaben. Schließlich wird der Aspekt der Kostenverrechnung behandelt, der durch den zunehmenden Einsatz von Cloud-Diensten komplexer wird.

2.1 Softwarelizenzen

2.1.1 Problematik immaterieller Wirtschaftsgüter

Software gilt nach allgemeiner Rechtsprechung als immaterielles Wirtschaftsgut (Westfalen 1989, S. 12). Dies hat sich auch in der Fachliteratur etabliert, denn Software ist nicht „fassbar, ja nicht einmal sichtbar oder in anderer Form wahrnehmbar" (Kittlaus et al. 2004, S. 9). Der Datenträger, mit dem die Software ausgeliefert wird, spielt nur eine untergeordnete Bedeutung.

© Springer Fachmedien Wiesbaden GmbH, ein Teil von Springer Nature 2023
S. Brassel, A. Gadatsch, *Softwarelizenzmanagement kompakt*, IT kompakt, https://doi.org/10.1007/978-3-658-39845-3_2

Software als (immaterieller) Vermögenswert

Software kann auf unterschiedliche Arten erworben werden. Zu Grunde liegt in der Regel ein Kauf (dauerhafter Erwerb) oder eine Miete (zeitlich befristeter Erwerb). Überlagert wird der Erwerbsvorgang durch die Lizenzierung, mit der dem Erwerber die für die Nutzung der Software erforderlichen Rechte verschafft werden, bzw. die kraft Gesetzes dem Erwerber zustehenden Rechte konkretisiert oder beschränkt werden sollen. In der Praxis haben sich hieraus eine Vielzahl von Vertrags- und Lizenzmodellen entwickelt, die abhängig vom Niederlassungsort des Softwareherstellers oder -verkäufers unterschiedliche Schwerpunkte haben und sich in ihrer Wirksamkeit am anwendbaren Recht messen lassen müssen. Unterscheiden lassen sich die verschiedenen Modelle nach den Beschaffungswegen, der Art der zulässigen Einsatzzwecke und der Art der Vergütung.

Nutzungen, die über das gesetzliche Mindestmaß hinausgehen, kann der Softwarehersteller in Lizenzbedingungen oder Lizenzverträgen (End User License Agreement = EULA) reglementieren und ebenso den vom Gesetz vorausgesetzten bestimmungsgemäßen Gebrauch der Software konkretisieren. Entscheidend ist jeweils, dass die Lizenzbedingungen wirksam mit dem Erwerber der Software vereinbart werden. Das bedingt nach dem deutschen Recht deren Einbeziehung in den Erwerbsvertrag, gleich ob dieser klassisch als Softwarekaufvertrag auf Papier oder im Internet bei der Bestellung einer Cloud-Anwendung abgeschlossen wird. Typische Ausgestaltungen sind etwa die Festlegung der Anzahl zulässiger Installationen oder der Ausschluss von Terminal-Server-, ASP- oder SaaS-Modellen bei Endkundenversionen. Softwarehersteller favorisierten zunehmend Cloud Services wie beispielsweise die ‚Creative cloud' (vgl. Adobe 2018) von Adobe oder ‚Office 365' von Microsoft (vgl. Microsoft 2018a). Hierbei handelt es sich um Mietmodelle, bei denen dem Kunden kein dauerhaftes Nutzungsrecht an der erworbenen Software zur Verfügung gestellt wird. Der Kunde ist bei solchen Modellen nur solange zum Einsatz im Rahmen der geltenden Nutzungsbedingungen berechtigt, wie er die entsprechenden Abonnement-

gebühren entrichtet, vergleichbar der Nutzung von kosten-
pflichtigen TV-Programmen.

Bei diesen Angeboten wird die Software auch oft lokal auf den
Geräten des Benutzers installiert. Dies erfordert jedoch eine regel-
mäßige oder gar dauerhafte Verbindung zu den Servern des
Lizenzgebers, um einen uneingeschränkten Dienst sicherzustellen
(Internetverbindung). Wird die Software ausschließlich als
SaaS/ASP-Lösung bereitgestellt, ohne dass es einer Installation
beim Anwender bedarf, ist der Hersteller bzw. Anbieter in der Ge-
staltung der Nutzungsrechte nahezu frei, solange hierdurch die
Pflicht zur Bereitstellung der Anwendung im Rahmen der mit der
Leistungsbeschreibung versprochenen Funktionalitäten nicht aus-
gehöhlt wird (vgl. Brassel et al. 2015).

2.1.2 Software und Wartung

Hier gilt es, Angebote je nach Hersteller mit und ohne Softwarewartung oder -pflege zu differenzieren. Dabei haben die Begriffe
Wartung und Pflege keinen feststehenden oder gar gesetzlich definierten Inhalt. Vielmehr hängt es von dem zwischen den Parteien
abgeschlossenen Wartungs- oder Pflegevertrag ab, welche Leistungen konkret vom Hersteller oder Channel geschuldet werden
(z. B. Support, Hotline, Störungsbehebung, Bereitstellung neuer
Releases, Weiterentwicklung).

Ein nicht zu unterschätzendes Risiko für das Unternehmen
liegt in der oftmals mangelnden Transparenz der Vertragswerke.
Dabei gilt es zu unterscheiden, welche Nutzungsrechte von der
Beschaffungsform abhängig sind (z. B. unterscheidet das Unternehmen Microsoft hier erheblich zwischen den Nutzungsmöglich-
keiten von sog. Boxprodukten bzw. Volumenlizenzen) und welche
erst über den Abschluss von Softwarewartung zur Verfügung stehen.

Microsoft gestattet bei seinen klassischen Office-Produkten
beispielsweise die Nutzung auf dem Terminalserver nur für sog.
Volumenlizenzen (das Nutzungsrecht ist hier also abhängig von
dem Beschaffungsweg). Der Betrieb von Serverlizenzen wie

Microsoft SQL Server auf einer durch die Nutzung von Hypervi-sor Technologie virtualisierten Plattform, in Verbindung mit Technologien wie ‚Load-Balancing' hingegen, ist abhängig von dem Abschluss der entsprechenden Softwarewartung (bei Micro-soft: Software Assurance) (vgl. Microsoft 2018b).

Einen anderen Weg gehen hier Anbieter wie ‚Red Hat'. Der Einsatz der angebotenen Software (unter den gegebenen Nutzungsbedingungen) ist hier i. d. R. frei, d. h. die Software kann auf der Website des Anbieters heruntergeladen werden. Somit nimmt der Bezugsweg hier keinen Einfluss auf die Nutzungsrechte. Kostenpflichtig ist in diesem Beispiel grundsätz-lich die Wartung (Subskription), über die der technische Support bzw. gewisse Funktionen zur Verfügung gestellt werden (vgl. Red Hat 2018a).

Generell gemein ist Software-Wartungsangeboten, dass sie i. d. R. nicht einmalig erworben werden können, sondern als dauerhafte Zusatzleistung gezahlt werden müssen. Umso bedeut-samer ist die genaue Analyse (vgl. Kap. 5) der benötigten Nutzungsrechte je Softwareanbieter und der Differenzierung der Gewährung eben dieser über die Bezugsform der Software bzw. zusätzliche Erweiterungen wie Softwarewartung.

2.1.3   Nutzungsrechte und Einschränkungen

Software ist geistiges Eigentum des jeweiligen Softwareherstellers bzw. Rechteinhabers, für den die Software hergestellt oder an den die Software „verkauft" worden ist. Eigentum kann deshalb allen-falls an einem Datenträger erworben werden, auf dem die Soft-ware bereitgestellt wird, nicht jedoch an der Software selbst. Viel-mehr erlangt der Erwerber nur Nutzungsrechte an der Software. Bereits durch Gesetz (§§ 69d, 69e Urheberrechtsgesetz in Deutschland) und ohne Lizenzvertrag ist dem Erwerber ins-besondere das Vervielfältigen der Software (Laden, Anzeigen, Ablaufen, Übertragen oder Speichern) gestattet, soweit dies zum bestimmungsgemäßen Gebrauch erforderlich ist. Ebenso ist das Anfertigen von Sicherungskopien sowie unter bestimmten Be-

dingungen das Dekompilieren und Bearbeiten, etwa zur Fehler-
behebung oder Herstellung der Interoperabilität mit Anwendungen
anderer Anbieter (Brassel et al. 2015, S. 68) erlaubt. Ergänzt wird
die beschriebene Problematik bei sogenannten ‚Public Cloud Services' wie Office 365 von Microsoft durch den Serviceanteil bedingte Zusatzregelungen wie Datenschutz bzw. SLAs für das zur
Verfügung stehen der entsprechenden Services.

2.1.4 Softwarelizenzen und Wartung in der Bilanz

Die Basis der Bilanzierungsvorschriften in Deutschland ist das
Handelsgesetzbuch (HGB) (vgl. dejure 2018). Die Bilanzierung
von Software ist abhängig von der der vertraglichen Ausgestaltung
in Bezug auf die zeitlich befristete oder unbefristete Nutzung,
sowie den Eigentumsverhältnissen (Kauf, Miete).

Der **Kauf mit sofortiger Zahlung** ist gekennzeichnet durch:

- die Zahlung eines einmaligen Entgelts für den Erwerb,
- eine zeitlich unbefristete Lizenz,
- ein sofortiger Eigentumserwerb an der Software,
- eine quasi freie Verfügungsgewalt beim Käufer.

Bilanziell gesehen folgt hieraus:

- Aktivierung der Anschaffungskosten für den Erwerb der Software (zzgl. Anschaffungsnebenkosten, z. B. Zahlungen an
  Dritte für die Installation) in der Bilanz im Zeitpunkt des Erwerbs.
- Qualifikation als immaterieller Vermögensgegenstand des Anlagevermögens.
- Abschreibung der Anschaffungskosten über die gewöhnliche
  Nutzungsdauer (laut Finanzverwaltung Zeitraum von 5 Jahren,
  laut Literatur 3 Jahre).

Der **Ratenkauf** mit entsprechenden Zahlungsmodalitäten ist gekennzeichnet durch:

- Ratierliche Entgeltzahlungen für den Erwerb der Lizenz,
- der Erwerber der Software erhält eine zeitlich unbefristete Lizenz nach vollständiger Begleichung aller Kaufpreisraten,
- das Eigentum an der Software geht erst nach vollständiger Zahlung der Kaufpreisraten auf den Anwender über.

Bilanziell gesehen folgt hieraus:

- Aktivierung der Anschaffungskosten für den Erwerb der Software (zzgl. Anschaffungsnebenkosten, z. B. Zahlungen an Dritte für Installation) in der Bilanz im Zeitpunkt des Erwerbs.
- Qualifikation als immaterieller Vermögensgegenstand des Anlagevermögens.
- Abschreibung der Anschaffungskosten über die gewöhnliche Nutzungsdauer (laut Finanzverwaltung Zeitraum von 5 Jahren, laut Literatur 3 Jahre).
- Wenn keine Zinsen offen vereinbart sind: Abzinsung des Anschaffungspreises mit dem marktüblichen Zinssatz.

Sonderfall: Geringwertiges Wirtschaftsgut (GWG)
Bei Software ist ein GWG gekennzeichnet durch:

- Die Anschaffungskosten der Software betragen nicht mehr als € 800 (netto) je Wirtschaftsgut (vgl. Haufe 2018).
- Die einzelne Softwarelizenz ist selbstständig nutzungsfähig und nicht Bestandteil eines anderen Wirtschaftsgutes.

Bilanziell gesehen folgt hieraus:
Der Erwerber hat ein Wahlrecht:

- Aktivierung der Anschaffungskosten des Wirtschaftsguts im Jahr der Anschaffung,

oder

- Buchung des Aufwandes in voller Höhe.
- Computerprogramme mit einem Wert von max. € 800 (netto) können stets als GWG behandelt werden.

Miete von Softwareprodukten ist gekennzeichnet durch:

- Softwareanbieter bleibt Eigentümer der Nutzungsrechte,
- zeitlich befristete Lizenzierung.

Bilanziell gesehen folgt hieraus:

- Aktivierung der Anschaffungskosten des Wirtschaftsguts im Jahr der Anschaffung

oder:

- Die Zahlungen des Softwareanwenders an den Softwareanbieter stellen Mietaufwand der jeweiligen Periode dar.
- Keine Aktivierung der Software als Anschaffungskosten.
- Sofern Mietzahlungen vor einem Abschlussstichtag für bestimmte Zeit nach dem Stichtag vorausbezahlt werden: Bildung eines aktiven Rechnungsabgrenzungspostens erforderlich (Verringerung der Ausgaben der Periode auf den zutreffenden Anteil).

Bilanzielle Behandlung von ‚**Cloud-Diensten**' im Sinne der ‚International Financial Reporting Standards' (IFRS)

- Kosten des Erwerbes und der Implementierung klassischer Software werden zumeist als sogenannte Kapitalkosten (Capex) qualifiziert (s. o.).
- Kosten des Erwerbes und der Implementierung von Cloud Services jedoch, qualifizieren sich zumeist als Betriebskosten (Opex).

Hintergrund ist hier, dass der bei klassischen Softwareerwerb nach den IFRS-Vorschriften dauerhafte Nutzungsrechtsübergang nach Erwerb einer Lizenz bei Clouddiensten nicht vorliegt, da der Lizenzanteil nicht eindeutig zu bestimmen ist (Deloitte 2018, S. 3 und vgl. hierzu auch die vorangegangenen Ausführungen bzgl. hybrider Leistungsbündel).

Dies führt in der Praxis dazu, dass **Cloud-Dienste analog zu Serviceverträgen** behandelt werden. Somit sind die Zahlungen für solche Dienste während der Vertragslaufzeit als betrieblicher Aufwand zu erfassen (eventueller Vorauszahlungen sind entsprechend zu aktivieren) (Deloitte 2018, S. 3)

Dies erweitert die Diskussion über den Einsatz von Clouddiensten, neben Datenschutzrechtlichen oder technologischen Fragestellungen um die Auswirkungen auf entsprechende Finanzkennzahlen (wie z. B. ‚Earnings before Interest, Taxes, Depreciation and Armortisation' EBITDA) (Deloitte 2018, S. 3).

2.2   Softwarelizenzmanagement

2.2.1   Zielsetzung

Softwarelizenzmanagement wird in der Literatur eher unter dem Gesichtspunkt der sorgfältigen Erfassung von Zu- und Abgängen bzw. Umbuchungen von Softwarelizenzen gesehen. Es ist vergleichbar mit einer speziellen „Buchhaltung". Gängige Fachbücher beschreiben daher fokussiert den Softwarebestellprozess und weitere Folgeprozesse wie z. B. die Erhebung von Lizenzdaten und deren Inventarisierung (z. B. Groll 2016, S. 179 ff.). Noch vor 10 bis 15 Jahren wurde der Einsatz von Software häufig unter dem Gesichtspunkt der Kostensenkung gesehen, weil die IT-Budgets Anfang der 2000er-Jahre nur eine Richtung kannten, nämlich nach oben (Dierichsweiler 2004, S. 139).

2.2.2   Klassischer Life Cycle

Der klassische Life-Cycle des Softwarelizenzmanagements geht von einer abwicklungsorientierten Sicht aus, die sich in kauf-

Abb. 2.1 Softwaremanagement Life-Cycle. (In Anlehnung an Groll 2016, S. 120 ff.)

männische und technische Prozess-Schritte unterteilen lässt (vgl. Abb. 2.1). Kaufmännische Prozess-Schritte sind „Anforderung", „Beschaffung" und „Lieferung", technische Prozess-Schritte sind „Installation", „Verwendung" sowie „Entsorgung" (Groll 2016, S. 120 ff.). Diese Struktur unterstellt eine faktische Trennung vom softwarenutzenden Geschäftsprozess (z. B. Bearbeitung von Emails) und der hierfür notwendigen Softwarelizenz.

Software ist ein Bestandteil der IT-Assets eines Unternehmens, das IT-Asset Management ist die Summe aller Maßnahmen zur Planung, Verwaltung und Überwachung der Hardware- und Softwarebestände eines Unternehmens über den gesamten Lebenszyklus hinweg. Häufig ist der Software-Life-Cycle aber als Unter-

Abb. 2.2 IT-Asset Management Life-Cycle

prozess eingebunden in den Life-Cycle des IT-Assent Managements (vgl. Abb. 2.2).

Ein wesentliches Ziel des klassischen IT-Lizenzmanagements
ist es, die Unterlizenzierung (zu wenige Lizenzen) oder die Überlizenzierung (zu viele Lizenzen) zu vermeiden, da dies entweder
zivil- und strafrechtliche Konsequenzen nach sich ziehen kann
oder zu Unwirtschaftlichkeiten führt (vgl. Abb. 2.3).

Softwarelizenzmanagement kann die Lizenzkosten durch Vermeidung von Überlizenzierungen reduzieren. Weiterhin können
juristische Streitigkeiten mit den Herstellern von lizenzpflichtiger
Software infolge von Unterlizenzierung vermieden werden, da
die genutzten bzw. ungenutzten Lizenzen dokumentiert sind.

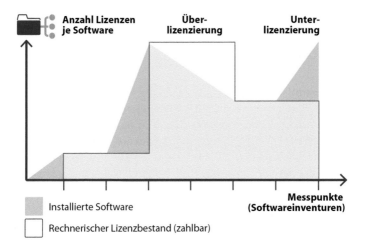

Abb. 2.3 Wirkungen der Unter- bzw. Überlizensierung

2.2.3 Organisatorische Einordnung

In der Praxis gilt Softwarelizenzmanagement ein wenig als „ungeliebtes Thema", wenngleich der Nutzen nicht bestritten wird (vgl. Brodnik 2016). Wegen der Vielfalt und Komplexität der Lizenzregeln werden spezialisierte Stellen, oder je nach Größe auch eigene Organisationseinheiten, mit der Thematik betraut.

Die organisatorische Einbindung ist in der Praxis vielfältig geregelt. Die Aufgabe wird häufig dem IT-Bereich oder auch den dezentralen IT-Koordinatoren zugeordnet (vgl. z. B. das Konzept einer IT-Organisation, Detecon o. J., Folie 8 oder den Ansatz der Hochschule für Wirtschaft und Technik in Berlin, FHTW Berlin 2014, S. 16). Es kann aber auch als Aufgabe des IT-Controlling gesehen werden (vgl. hierzu Abschn. 2.3.4).

Oft werden aber auch gar keine Regelungen getroffen. Eine Untersuchung der Hochschule Bonn-Rhein-Sieg hat gezeigt, dass das IT-Anlagevermögen nur in etwa 60 % der antwortenden Unternehmen zentral erfasst wird (Gadatsch et al. 2017, S. 38).

2.3 Lizenzmanagement als Werkzeug des IT-Controlling

2.3.1 Controlling-Begriff

IT-Controlling wird immer noch häufig mit Kostenkontrolle für den IT-Bereich verwechselt. Da Lizenzen für Software auch Kosten verursachen, wird dementsprechend das Lizenzmanagement auch gerne als Werkzeug zur Kostenreduktion betrachtet (vgl. Gadatsch 2021). Natürlich spielt beim Einsatz von Software die Höhe der Kosten eine große Rolle, aber im Rahmen der Digitalisierung geht es um mehr, nämlich um die Entwicklung neuer und die Verbesserung bestehender Geschäftsmodelle.

Controlling ist ein Kunstwort, das auf dem englischen Wort „to control" basiert. Fehlerhafte Übersetzungen wie z. B. „Controlling = Kontrolle" haben in der Praxis tätige Controller als ungeliebte „Kontrolleure" in Misskredit gebracht. Das englische Wort „to control" bedeutet „steuern" oder „regeln". Somit ist Controlling die „*Steuermannslehre*". Der IT-Controller ist demnach der Steuermann für den sinnvollen und zielgerichteten Einsatz von Informationstechnik. Der Chief Information Officer (Leitung des Informationsmanagements) ist in dieser Analogie der Kapitän. Im englischen Sprachraum wird „IT-Controlling" nicht verwendet, dort ist „*IT-Performance-Management*" üblich (vgl. hierzu ausführlich Strecker 2008).

Das *IT-Controller-Leitbild* der Gesellschaft für Informatik (GI e.V.) legt einen weiten Ansatz zugrunde (Barth et al. 2009). Demnach „… gestalten und unterstützen (IT-Controller) den Managementprozess der betrieblichen Informationsverarbeitung und tragen damit eine Mitverantwortung für die Zielerreichung des Informationsmanagements."

2.3.2 Aufgaben des IT-Controlling

Der *Aufgabenumfang* für IT-Controller ist nicht einheitlich beschrieben (vgl. hierzu Gadatsch 2021). In typischen Stellenanzeigen werden folgende Tätigkeiten genannt:

- Aufstellung und Abstimmung des IT-Budgets,
- Bewertung von Kosten und Risiken, die durch IT-Projekte und IT-Systeme entstehen,
- Bewertung und Priorisierung von Projektanträgen,
- Ermittlung des Wertbeitrages der IT am Unternehmenserfolg,
- Wirtschaftlichkeitsanalyse und Bewertung von IT-Projekten und IT-Systemen,
- Beurteilung der Chancen und Risiken von IT-Outsourcing-Maßnahmen,
- Gestaltung und Bewertung von Service-Level-Agreements (SLA) mit IT-Dienstleistern,
- Vorbereitung von Make-or-Buy-Entscheidungen.

IT-Controller müssen also strategische Fragen beantworten (z. B. „Können wir über ein IT-Outsourcing unsere Leistungsfähigkeit verbessern?") und operative Antworten liefern (z. B. „Wie hoch waren die IT-Kosten im Monat Mai für das IT-Produkt ‚Mailserver'?"). Um auf diese Fragen Antworten zu finden, müssen die Kosten für Softwarelizenzen sowie die Kosten der Hardware im Rahmen einer IT-Kosten- und Leistungsrechnung Berücksichtigung finden (vgl. Gadatsch 2021).

2.3.3 Werkzeuge für das IT-Controlling

Dem IT-Controller stehen strategische und operative Methoden bzw. Werkzeuge zur Verfügung. Strategische Methoden sind insbesondere die IT-Strategie, die IT-Balanced Scorecard, die Entwicklung von IT-Standards, das IT-Portfoliomanagement sowie das IT-Sourcing. Strategische Methoden unterstützten bei der Formulierung, Umsetzung und Überwachung der IT-Strategie (vgl. ausführlich Gadatsch 2021). Die Überwachung von Maßnahmen unterstützt die IT-Balanced Scorecard. Die effiziente Beschaffung von IT-Leistungen (IT-Sourcing) sichert Einsparpotenziale für das Unternehmen. Zu den operativen Methoden gehören die IT-Kosten- und Leistungsrechnung, das Geschäftspartnermanagement, das Reporting auf Basis von IT-Kennzahlen und das IT-Projektcontrolling (vgl. ausführlich Gadatsch 2021).

Die Kosten- und Leistungsrechnung liefert dem IT-Controller detaillierte Analysen. Sie erfasst Kosten und Leistungen für die Erstellung der IT-Dienste und verrechnet sie verursachungsgerecht auf die Nutzer. Bei IT-Projekten ist es üblich, zahlreiche spezialisierte IT-Dienstleister einzubinden. Dies erfordert ein Vertrags- und Beratermanagement sowie ein Benchmarking der Geschäftspartner. Service-Level-Agreements sichern einen hohen Leistungsgrad der Geschäftspartner und erlauben es dem IT-Controller, bei Vertragsverletzungen einzugreifen. Das IT-Berichtswesen bzw. Reporting basiert zu großen Teilen auf Daten der IT-Kosten- und Leistungsrechnung. IT-orientierte Kennzahlen liefern ein umfassendes Bild über geplante, laufende und abgeschlossene IT-Projekte und den IT-Betrieb. Der Aufbau eines IT-Kennzahlensystems und die Versorgung des IT- und Fachmanagements mit Kennzahlen und Analysen stellt eine wichtige Aufgabe des IT-Controllers dar. Die Mitarbeit des IT-Controllers in IT-Projektteams erlaubt es, frühzeitig IT-Projekte beeinflussen zu können. Die Genehmigung von IT-Projekten wird durch ein formalisiertes Genehmigungsverfahren des IT-Controllings standardisiert. Es verhindert den Start riskanter und unwirtschaftlicher Projekte. Eine permanente Projektfortschrittsanalyse, die regelmäßige Ermittlung der geschaffenen Werte (Earned-Value-Analyse) und fallweise Reviews überwachen laufende Projekte, um frühzeitig Schwachstellen und Fehlentwicklungen zu korrigieren.

Zu den operativen Methoden gehört auch das IT-Assetmanagement, welches das Lizenzmanagement für Software einschließt. Nachfolgend wird dargestellt, dass in Zukunft das Lizenzmanagement für Software zunehmend strategische Auswirkungen hat und nicht mehr nur als operative IT-Controlling-Aufgabe betrachtet werden kann.

2.3.4 Aufgaben des IT-Lizenzmanagements

Die klassischen Aufgaben des Lizenzmanagements für Software umfassen einen eher administrativen Katalog von Themen:

- Festlegung und Überwachung von standardisierten Prozessen für die Beschaffung, Nutzung, Weiter- und Rückgabe von Softwarelizenzen
- Erfassung, Verwaltung und Überwachung der Lizenzverträge, insb. Fristen und Konditionen (Lizenzinventar),
- Erfassung des Lizenzbedarfs in verschiedenen Dimensionen, insb. nach den nutzenden Organisationseinheiten und Personen, unterschiedlichen Softwarearten, Releaseständen und -zeiträumen,
- Erfassung von technischen Voraussetzungen und Abhängigkeiten der zugehörigen Software (Software-Eigenschaften),
- Zuordnung von Lizenzen zu Personen, Personengruppen und/ oder Hardware,
- Wertermittlung und Wertfortschreibung der Lizenzen (Zugänge, Abschreibungen, Umbuchungen, Abgänge)
- Verwertung und Weiterverkauf der Lizenzen.

Hinzu kommt die Klärung juristischer Detailfragen in Zusammenarbeit mit der Rechtsabteilung bzw. externen Juristen, insb. beim Rechteübergang. Das Lizenzmanagement im klassischen Sinne hat neben der Dokumentation der erworbenen Softwarelizenzen auch eine Steuerungsfunktion, die verhindern soll, dass einmal angeschaffte Softwarelizenzen ungenutzt im Unternehmen verbleiben. Weiterhin zeigt das Lizenzmanagement auch die Altersstruktur von Softwarelizenzen auf. Hierdurch kann verhindert werden, dass überalterte Software nach Ablauf der Herstellerwartung weiter betrieben wird (vgl. Gadatsch 2014).

Eine Studie der Hochschule Bonn-Rhein-Sieg kam zum Ergebnis, dass das Management von Softwarelizenzen durch ein sogenanntes IT-Assetmanagement-System nur bei weniger als 60 % der Unternehmen etabliert ist (vgl. Gadatsch et al. 2013). Ein fehlendes IT-Assetmanagement kann zu hohen Kosten führen. Immerhin gaben die mit „NEIN" antwortenden Unternehmen zu 59 % an, dass das IT-Anlagevermögen wenigstens in der IT-Abteilung bekannt ist. In etwa 20 % aller Unternehmen ist das Anlagevermögen der IT nicht bzw. nicht vollständig bekannt.

Eine ausführliche Thematisierung des IT-Assetmanagement für Software und Public-Cloud-Dienste findet sich in Kap. 5.

2.3.5 Verrechnungsfunktion des IT-Lizenzmanagements

IT-Lizenzkosten sind Teil der IT-Kosten eines Unternehmens, sofern sie nicht in extern bezogenen Dienstleistungen im Rahmen von Business Process Outsourcing-Maßnahmen aufgehen. Für die Verrechnung von IT-Leistungen (u. a. IT-Lizenzkosten) sind 4 Grundmodelle bekannt: Nicht- bzw. Teilverrechnung, Umlageverrechnung, leistungsbasierte Verrechnung auf Basis von IT-Servicekatalogen und prozesstreiberbasierte Verrechnung (vgl. Dittus et al. 2017).

Die Verrechnung von IT-Leistungen (u. a. Lizenzkosten) wird nicht in allen Unternehmen praktiziert, sie erfolgte nach einer Erhebung im Jahr 2017 nur bei etwa 60 % der Unternehmen (vgl. Gadatsch et al. 2017). Der zumindest in größeren Unternehmen übliche Ansatz ist die leistungsbasierte Verrechnung (IT-Servicekatalog) auf Basis eines Servicekataloges für IT-Produkte. Hier sind die IT-Lizenzkosten i. d. R. Teil der verrechneten Services. Nachteilig ist die aufwändige Verrechnung einschließlich der Datenaufbereitung, der notwendigen Prozesse und IT-Tools. Im Rahmen der Verrechnung erstellt die IT-Abteilung einen IT-Servicekatalog und plant Mengen und Preise für alle Services (Mehrstufige IT-Produktkalkulation je IT-Service). Die IT-Kosten (einschließlich der Lizenzkosten) werden auf die zentrale IT-Kostenstelle gebucht, die IT-Abnehmer (Kunden) können die IT-Services buchen, ihre Kostenstellen werden monatlich belastet. Vorteilhaft ist die Möglichkeit zur Steuerung der IT-Kosten (Zusammenhang zwischen Verbrauch an IT-Ressourcen und deren Verwendung wird transparent) und die Förderung von wirtschaftlichem Denken und einer Sensibilisierung für Kostenbewusstsein auf Seiten der IT und der Fachbereiche (vgl. Dittus et al. 2017).

2.4   IT-Verrechnung von Cloud-Diensten

2.4.1   Einführung in die allgemeine Situation in der Praxis

Die aktuell steigende Zahl von Cloud-Anwendungen in den Unternehmen (vgl. die beispielhafte Darstellung eines Prozesses mit mehreren On Premise bzw. Cloud Applikationen in Abb. 2.4) muss in Controlling-Prozesse integriert werden).

In der betrieblichen Praxis tritt daher zunehmend die Fragestellung auf, ob und wie Kosten für Cloud-Dienste im Rahmen einer IT-Kosten- und Leistungsverrechnung zu berücksichtigen sind. Die zunehmende Verbreitung von Cloud-Diensten und die höchst unterschiedlichen Verrechnungsmodelle sowie die Vermischung von Prozesskosten und IT-Kosten sorgen für Komplexität.

Zudem sind maschinell nutzbare Schnittstellen bzw. Adapter notwendig, um die Verrechnungsdaten möglichst automatisiert an die für die Verrechnung verwendeten Softwarepakete anzubinden. Ideal wäre eine herstellerübergreifende Standardisierung der Abrechnungsformate. Die Abb. 2.5 zeigt die Auswirkungen der zusätzlichen Einbindung von cloudbasierten Abrechnungen auf.

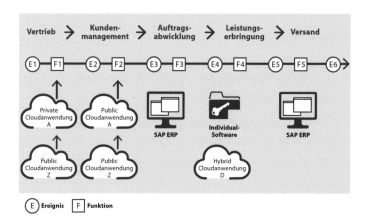

Abb. 2.4 Integration von Cloudanwendungen in Prozesse

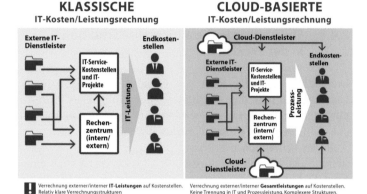

Abb. 2.5 Klassische IT-KLR und Einbindung von Cloudbasierten Abrechnungen

2.4.2 Fallbeispiel zur Problemstellung projektbasierter Verrechnung von ‚Public Cloud Services'

Das nachfolgende Praxisbeispiel ist rein fiktiv, basiert aber auf realen Sachverhalten. Ähnlichkeiten mit existierenden Unternehmen sind rein zufällig.

Beispiel

Allgemeine Situation des Unternehmens
- Die ‚Denksportgruppe' ist ein führender Anbieter im Umfeld von Ingenieurdienstleistungen. Das mittelständige Unternehmen mit Sitz in Nordrhein-Westfalen hat rund 7000 Mitarbeiter. Zu den Hauptkunden zählen die großen Marken der europäischen Automobilbranche, sowie weitere namenhaft Konzerne weltweit, mit einem hohen Bedarf an Entwicklungsdienstleistungen im Bereich Mechatronik, Elektrotechnik und Maschinenbau.

- Die zentrale IT-Abteilung des Unternehmens stellt Standarddienste, welche von allen Mitarbeitern benötigt werden, zur Verfügung (Emailservice, Kollaboration, Intranet, etc.).
- Die IT-Infrastruktur ist auf einem aktuellen Stand. Virtualisierungstechnologien und Automatisierung der Systeme werden vollumfänglich genutzt.
- Die Auslastung der Systeme liegt im oberen Bereich. Lastspitzen kann man abfangen. Das Hinzunehmen weitreichender weiterer Dienste ist jedoch aus Kapazitätsgründen (technisch sowie personell) nicht möglich.
- Dezentrale IT-Abteilungen in den Zweigniederlassungen ergänzen dieses Angebot mit den jeweils vor Ort (auf Basis der jeweiligen Niederlassungsspezialisierung) zusätzlich benötigten Diensten.
- Seit der Ernennung eines für die Unternehmensgruppe verantwortlichen CIOs vor 3 Jahren, gab die Unternehmensleitung die Richtung für eine vollständig zentral geführte Unternehmens-IT vor.
- Seitdem wird auch das dezentrale IT-Personal stufenweise unter den Weisungsbefugnissen der zentralen IT-zusammengefasst.
- Die Unternehmensleitung verspricht sich von diesem Schritt – neben Einsparungspotenzialen – insbesondere die Möglichkeit, die auf Dauer zwingend benötigten Zertifizierungen wie ISO 9001 (vgl. z. B. TÜV 2018a) sowie ISO 27000 (vgl. z. B. TÜV 2018b) mit vertretbarem Aufwand halten zu können. Zudem erfordern die immer komplexeren Anforderungen der Datenschutzregelungen zwischen der Denksportgruppe und ihren Kunden einen erheblichen Aufwand in Bezug auf das Thema ‚Compliance‘.
- Inzwischen steht die ‚Denksportgruppe‘ durch die neuen Regelungen zur Arbeitnehmerüberlassung (ANÜ) (vgl. z. B. Arbeitsrechte.de 2018) vor einer nicht unerheblichen Herausforderung im Umfeld der zur Verfügung gestellten IT-Services.

Geschäftsmodell

- Das klassische Geschäftsmodell der ‚Denksportgruppe' sah vor, die eigenen Mitarbeiter an interessierte Kunden zu ‚verleihen'. Die Mitarbeiter wechselten zeitlich befristet zumeist an Standorte der Kunden und wurden dort jeweils vor Ort mit der für ihre Tätigkeit benötigten IT-Infrastruktur und Software ausgestattet.
- Die Neuregelung der Arbeitnehmerüberlassung und die daraus resultierenden Folgen für die entleihenden aber auch die verleihenden Unternehmen führte bei den Kunden der Denksportgruppe zu der Konsequenz, zukünftig Projektaufträge an die Denksportgruppe zu vergeben, um möglichen juristischen bzw. arbeitsrechtlichen Nachteilen zu entgehen.
- Die Mitarbeiter der Denksportgruppe werden somit nicht mehr zeitlich befristet in andere Unternehmen integriert, sondern arbeiten nun als externe Projektgruppen.
- Die Änderung zieht für die zentrale Unternehmens-IT der ‚Denksportgruppe' das Problem mit sich, dass die benötigten Softwareprodukte und -dienste den Mitarbeitern nun nicht mehr von den Kunden des Unternehmens zur Verfügung gestellt werden.

Analyse

- Eine interne von der Unternehmensleitung angeordnete Analyse der neuen Situation, kam zu dem Ergebnis, dass die zentrale IT weder über die Ressourcen noch das Knowhow verfügt, die vielfältigen Anforderungen an IT-Services und Software für die komplexen Kundenprojekte in einem wirtschaftlich akzeptablen Rahmen durch eine Erweiterung der Kapazitäten des Rechenzentrums anbieten zu können.
- Darüber hinaus beunruhigte die Unternehmensführung eine begleitende Entwicklung der neuen Situation.
- Die dezentralen Projektgruppen begünstigten die Entwicklung einer ‚Schatten-IT'. Eine Entwicklung, der man eigentlich mit der Berufung eines gruppenweiten CIOs entgegenwirken wollte.

Lösungsansätze

- IT-Ressourcen, welche die zentrale IT nicht bereitstellen kann, werden nun direkt ‚vor Ort' als Public Cloud-Dienste über Service Provider bezogen. Dabei ist zumeist nicht sichergestellt, dass die Anbieterauswahl in Abgleich mit den Regelungen zur zentralen Unternehmens-Compliance bzw. den Inhalten der mit den Kunden der ‚Denksportgruppe' geschlossenen Verträgen bzgl. Datensicherheit abgeglichen wurde.

- Aufgrund der potenziellen Auswirkungen für die Unternehmenszukunft, entschied man sich daher, ein zentrales IT-Projekt aufzusetzen. Zielsetzung hierbei, das zur Verfügung stellen eines Serviceportals, über welches dann die unterschiedlichsten Angebote von Public Cloud Services wie Microsoft Azure (vgl. Azure-Microsoft 2018), Amazon Web Services (AWS) (vgl. Amazon 2018) oder Open Telekom Cloud (vgl. Telekom 2018) bezogen werden können.

- Integraler Bestandteil dieser Idee ist neben der auf Basis von Projektgruppen orientierten Verrechnungsmöglichkeit der in Anspruch genommen Dienste, die zentrale IT der Denksportgruppe als ‚Beratungsinstanz' zu positionieren.

- Je nach technischer oder datenschutzrechtlicher Anforderung der Kunden der jeweiligen Projektgruppen, können hier von der zentralen IT entsprechende Dienste ‚empfohlen' werden.

- Im zweiten Schritt, soll auf diesem Weg auch für die entsprechenden Projekte benötigte Softwareprodukte über zentrale Rahmenverträge zur Verfügung gestellt werden.

Fazit

Das Fallbeispiel zeigt Komplexität und Abhängigkeiten hybrider IT-Infrastrukturen und rechtlicher Rahmenbedingungen auf. Zudem wird die Notwendigkeit eines gut funktionieren IT-Controllings deutlich. Ohne entsprechende Kostentransparenz ist weder eine adäquate Planung der Ressourcen für eine zentrale IT-Abteilung möglich, noch entsprechende Angebotskalkulationen beim Einsatz von hybriden IT-Infrastrukturen. Auch das Wechselspiel zwischen genereller Flexibilität und dem skalierend zur Verfügung stellen von IT-Ressourcen auf der einen Seite, sowie vertragsrechtlichen Fragestellungen auf der anderen Seite wird deutlich. ◄

2.5 Open Source im Unternehmenseinsatz als Alternative zu kommerzieller Standardsoftware

Die englische Bezeichnung ‚open source' = quelloffen, beschreibt den Ansatz dieser Softwareideologie recht treffend. Denn im Gegensatz zu kommerzieller Standardsoftware, kann der Quellcode hier offen eingesehen und ggf. von Dritten verändert werden (vgl. z. B. Wikipedia o. J.).

Obwohl „Open Source Software" (kurz: OSS) in der Praxis prinzipiell kostenfrei und einfach zugänglich ist, unterliegt die Verwendung i. d. R. Nutzungsbedingungen (vgl. kommerzielle Standardsoftwareangebote). Dabei regelt § 69 des deutschen UrhG die Zustimmungspflicht zur Nutzung durch den Software Entwickler (vgl. Bitkom 2022, S. 8). Die Nichteinhaltung der entsprechenden Bedingungen kann zu wirtschaftlichen bzw. juristischen Konsequenzen führen und stellt somit ein kaufmännisches Risiko dar (vgl. Bitkom 2022, S. 6). Als die beiden bekanntesten Lizenzregelungen für OSS seien hier GPL- Lizenzen (General Public License) und die BSD-Lizenzen (Berkeley Software Distribution) genannt (vgl. Bitkom 2022, S. 8).

Dabei geht der „Open Source" Gedanke jedoch weit über das Thema „Lizenzierung" hinaus. Viele der zugrunde liegenden Ideen und Ideale der OSS, manifestieren sich in modernen Ansätzen wie „DevOps" (Kunstwort aus „Development" und „Operations" welches eine Philosophie zwischen Betrieb und Entwicklung beschreibt) (vgl. Weissenberg Group 2022).

Das Unternehmen Red Hat sieht hier als Basis die sogenannte „offene-Organisation". Diese sorgt für eine größere Agilität sowie Motivation woraus schnellere Innovationen resultieren. Als die fünf grundlegenden Merkmale einer offenen Organisation definiert Red Hat hierbei:

- Transparenz,
- Inklusivität,
- Anpassungsfähigkeit,
- Kollaboration,
- Gemeinschaftssinn (vgl. Red Hat 2022a).

Das Unternehmen Red Hat wurde am 26 März 1993 in Connecticut (Vereinigte Staaten von Amerika) von Robert Young und Marc Ewing gegründet. Im Jahre 2012 erzielte das Unternehmen mit Open Source Lösungen einen Umsatz von mehr als einer Milliarde US$. Heute ist es das größte kommerzielle Unternehmen im Umfeld von Open Source Technologien. Im Jahr 2019 wurde Red Hat von IBM für 34 Mrd. US$ übernommen. Laut der Fortune 500 Liste aus dem Jahr 2021, setzen mehr als 90 % der dort gelisteten Unternehmen Red Hat Produkte ein (vgl. Red Hat 2022b).

Die Dimension des Interesses von Entwicklern und Organisationen an Open Source Projekten, sowie das entsprechende Wachstum an Projekten, wird mit einem Blick auf eine Software-Plattform wie GitHub (www.github.com) deutlich. Dabei erklärt sich die Funktionalität der Plattform, aus dem Begriff selbst. Linus Torvalds entwickelte 2005 ein spezifisches Open Source-Versionskontrollsystem „Git". Dieses stellt (mit kommerziellem Interesse) ‚GitHub' so zur Verfügung, dass es für einzelne Entwickler oder Teams, vergleichsweise einfach zu nutzen ist (vgl. Kinsta 2020).

Im Rahmen des „GitHub 2020 Digital Insight Reports" (initiiert durch X-lab, geplant durch „the Allumos open source technology media" in Zusammenarbeit mit der „East China Normal University, Kaiyuanshe, Shanghai Open Source Information Technology Association" (vgl. Healey 2017) werden die weltweiten

Trends im Bereich Open Source untersucht. Dabei stellte sich heraus, dass im Jahr 2020 54,2 Mio. aktive Projekte sowie 14,54 Mio. Entwicklerzugänge auf der Plattform registriert waren. Dies entspricht einem Wachstum von 36,4 % bzw. 21,8 % gegenüber dem Jahr 2019 (vgl. Xu 2021).

Open Source ist dabei kein „Entwicklerthema" abseits kommerzieller Einsatzszenarien. So trat der CTO der Deutschen Bank, Pat Healey (vgl. Healey o. J.) schon im Mai 2017 auf dem „Red Hat Summit" auf, um über seinen Blick auf „Plattform as a Service" zu sprechen. Im Fokus stand dabei die Abstraktion von Plattformen und Anbietern- hin zu einem klaren Blick auf „Workloads" (dargestellt am Beispiel eines Projektes bei der Deutschen Bank). Die Idee Anbieter und oder Plattformen nach dem besten Preis-/Leistungsverhältnis jederzeit gemäß entsprechenden Anforderungen auswählen zu können, verhält sich dabei vollkommen „konträr" zum sogenannten „Vendor Log In" (vgl. Hase 2019). Als technologische Basis dieses Ansatzes diente „Open Shift" (vgl. Red Hat 2022c).

Dabei ist die Deutsche Bank kein Einzelfall. Im Jahr 2021 veröffentlichte das Online Portal des CIO Magazins einen Bericht über „Boehringer Ingelheim" und dem dort genutzten Ansatz, neue Services über die Kubernetes-Plattform (vgl. Red Hat 2018b) Red Hat „OpenShift" zu entwickeln. Auch hier wird neben technischen Vorteilen in Bezug auf Dokumentationsfunktionen (um regulatorischen Vorgaben gerecht zu werden) die freie Wahl der genutzten Plattform hervorgehoben (vgl. hierzu ausführlich den Beitrag von Pütter 2021).

Selbst Anbieter von Standardsoftware wie Microsoft haben erkannt, dass sie sich dem Trend zu Open Source nicht entgegenstellen können und versuchen ihr klassisches Geschäftsmodell mit der Innovationskraft der Open Source Gemeinschaft zu harmonisieren (vgl. Janik 2021).

Dies dürfte nicht zuletzt, an Vorteilen des offenen Ansatzes liegen. So arbeitet Microsoft im Umfeld der Nutzung von SQL Server 2019 (vgl. Microsoft 2019) auf Basis von ‚Rat Hat Enterprise Linux 8' eng mit dem Anbieter zusammen (vgl. Red Hat 2021a).

Eines der aktuell wohl bekanntesten Projekte auf Basis von Open Source dürfte die vom Robert Koch Institut herausgegebene

„Corona Warn App" sein, welche in verschiedenen europäischen Ländern genutzt werden kann (vgl. Bundesregierung o. J.). Das entsprechende Projekt, findet sich ebenfalls auf „Git Hub" (vgl. GitHub o. J. -a.).

Dabei gilt insbesondere für Unternehmen die Notwendigkeit der klaren Trennung im Verständnis zwischen ‚Open Source Community' Projekten sowie dem kommerziellen Enterprise Einsatz von Open Source Lösungen. Hierzu bietet sich die Einführung entsprechender „Policies" an. Beispiele hierzu finden sich z. B. auf Git Hub (vgl. GitHub o. J. -b.).

Unternehmen wie Red Hat bieten zum Unternehmenseinsatz von Open Source somit keine Lizenzen, sondern s.g. Subskriptionen (vgl. Red Hat 2021b) an. Neben generellen Support der eingesetzten Versionen (z. B. garantierten Testszenarien auf bestimmten Hardware-konfigurationen) bietet der Anbieter mit „Insights" einen gemanagten Service mit dem Fokus auf die Bereiche „Operations", „Security" sowie „Business". Im Mittelpunkt des Dienstes steht die Unterstützung bei der Vermeidung von Sicherheits- sowie Performance Problemen bzw. aktivem Kostenmanagement für die genutzte Umgebung (vgl. Red Hat o. J.). So unterstützt Red Hat beispielsweise aktive Unternehmen welche Ihre SAP-Instanzen auf Basis von „Red Hat Enterprise Linux (RHEL)" betreiben bei IT-Sicherheitsrelevanten Fragestellungen (vgl. Red Hat 2022d).

Literatur

Adobe (Hrsg.) (2018): Creative Cloud, in: http://www.adobe.com/de/creativecloud.html?sdid=JRSIX&skwcid=AL!3085!3!49263541877!e!!g!!adobe%20creative%20cloud&ef_id=CRFN-5jSsHYAAIv3:20141101135719:s, Abruf 26.06.2018

Amazon (Hrsg.) (2018): Amazon Web Services, in: https://aws.amazon.com/de/free/?sc_channel=PS&sc_campaign=acquisition_DE&sc_publisher=google&sc_medium=ACQ-P%7CPS-GO%7CBrand%7CDesktop%7CSU%7CCore%7CCore%7CDE%7CEN%7CText&sc_content=Brand_Core_HV_e&sc_detail=aws&sc_category=Core&sc_segment=293647952605&sc_matchtype=e&sc_country=DE&s_kwcid=AL!

4422!3!293647952605!e!!g!!aws&ef_id=W8s-3AAAAGHjWJ17:20181 020144749:s, Abruf 22.10.2018

Arbeitsrechte.de (2018) (Hrsg.): Zeitarbeit in Deutschland: Definition, Dauer, Vergütung, Beantragung und mehr in Deutschland, https://www.arbeits-rechte.de/zeitarbeit/, Abruf. 16.11.2018

Avella, F.-A. (2013) Bilanzrecht kompakt: Bilanzierung nach HGB mit Hinweisen zum Steuerrecht, Haufe, Freiburg

Azure-Microsoft (Hrsg.) (2018): Azure-Microsoft, Unternehmenswebseite, in: https://azure.microsoft.com/de-de/free/search/?&OCID=AID719809_SEM_Z6rvANSi&lnkd=Google_Azure_Brand&dclid=CKSyg8mhld-4CFYsN4AodLIUCLg, Abruf 22.10.2018

Barth, M.; Gadatsch, A.; Kütz, M.; Rüding, O.; Schauer, H.; Strecker, S.: Leitbild IT-Controller/in, Beitrag der Fachgruppe IT-Controlling in der Gesellschaft für Informatik e. V., Duisburg und Essen, ICB-Research Report, Nr. 32, April, 2009

Bitkom (2022): Open Source Software, Rechtliche Grundlagen und Handlungshinweise, https://www.bitkom.org/sites/main/files/2021-11/211104_lf_open-source-software-1_0.pdf, Abruf am 17.05.2022

Brassel, S.; Gadatsch, A: IT-Management in turbulenten Zeiten: Vom IT-Leiter über den CIO zum CDO, in: Gadatsch, A.; Ihne H.; Monhemius, J.; Schreiber, D. (Hrsg.): Nachhaltiges Wirtschaften im digitalen Zeitalter - Innovation - Steuerung - Compliance, Wiesbaden, 2018, S. 121–134

Brassel, S.; Gadatsch, A.: Softwarenutzung im Umbruch: Von der Softwarelizenz zum Cloudbasierten Business Process Outsourcing, HMD Praxis der Wirtschaftsinformatik, 2017, 54(1), 156–164, https://doi.org/10.1365/s40702-016-0279-9

Brassel, S.; Gadatsch, A.: Neues Lizenzmanagement, in: TRENDREPORT, 2016, Heft 3, Seite 13 (Abstract unter http://trendreport.de/digital-lesen/2016-03/#p=12 und Interview unter http://trendreport.de/lizenz-management), 26.10.2016

Brassel, S.; Gadatsch, A.; Kremer, S. (2015): Lizenz-Controlling für Software, Wirksames IT-Kostenmanagement durch effizientes Software-Assetmanagement, in: Controller Magazin, Juli / August 2015, Ausgabe 4, S. 68–72

Brodnik, B. (2016): Großes Potenzial. Lizenzmanagement - unbeliebt, aber lohnenswert, in: CIO-Magazin, 14.03.2016, https://www.cio.de/a/lizenz-management-unbeliebt-aber-lohnenswert,3254788, Abruf am 06.08.2018

Bundesregierung (o. J.): Corona-Warn-App international verfügbar, https://www.bundesregierung.de/breg-de/themen/coronavirus/warn-app-international-1764298, Abruf am 18.08.2022

dejure (2018): https://dejure.org/gesetze/HGB, Abruf am 21.12.2018

Deloitte (2018): Finance und Accounting Forum, https://www2.deloitte.com/content/dam/Deloitte/de/Documents/audit/FAF_Nr_1_2018_180201.pdf, Abruf am 21.12.2018

Detecon (o. J.): IT-Organisation, Methodische Ansätze zur Neuausrichtung von IT-Organisationen, https://www.detecon.com/sites/default/files/soe_it_restrukturierung_und_it_organization_deutsch_v4.0_neu.pdf, Abruf am 06.08.2018

Dierichsweiler, M. A. (2004): Kostensenkung in der dezentralen IT-Infrastruktur, in: Dietrich, L.; Schirra, W. (Hrsg.): IT im Unternehmen, Berlin und Heidelberg, S. 139–155

Dittus, M.; Epple, J.; Schlegel, D. (2017): Verrechnung von IT-Kosten, in: Controlling, Zeitschrift für erfolgsorientierte Unternehmenssteuerung, 29. Jg., Heft 5/2017, S. 20–27

FHTW Berlin (2014): Regelungen für die Organisation des IT-Einsatzes an der Fachhochschule für Technik und Wirtschaft Berlin, IT-Organisationsrichtlinie, Berlin, 04.10.2004

Gadatsch, A.; Kütz, J.; Juszczak, J.: Ergebnisse der 4. Umfrage zum Stand des IT-Controlling im deutschsprachigen Raum (2013), in: Schriftenreihe des Fachbereiches Wirtschaft Sankt Augustin, Hochschule Bonn-Rhein-Sieg, Band 33, Sankt Augustin 2013

Gadatsch, A. (2014): Auswirkungen veralteter Software, insbesondere spezieller Betriebssysteme, auf Jahresabschlusstestate, Sankt Augustin, 2014, in: Schriftenreihe des Fachbereichs Wirtschaftswissenschaften der Hochschule Bonn-Rhein-Sieg, Band 36, Sankt Augustin 2014

Gadatsch, A.; Kütz, M.; Freitag, S. (2017): IT-CgON 2017, Ergebnisse der 5. Umfrage zum Stand des IT-Controllings im deutschsprachigen Raum (2017), Band 34, Sankt Augustin 2017

Gadatsch, A.: IT-Controlling, 2. Aufl., Wiesbaden, 2021

GitHub (Hrsg.) (o. J. -a.): Corona-Warnapp, https://github.com/corona-warn-app, Abruf am 28.05.2022

GitHub (Hrsg.) (o. J. -b.): Policies, https://github.com/todogroup/policies, Abruf am 28.05.2022

Groll, T.: 1x1 des Lizenzmanagements, München, 3. Aufl., 2016

Hase, Michael (2019): Was ist Vendor Lock-in?,in: IT-Business, 20.09.2019, https://www.it-business.de/was-ist-vendor-lock-in-a-879691/, Abruf am 18.08.2022

Haufe (2018): Anpassung der GWG-Grenze für Computerprogramme ab 2018, https://www.haufe.de/steuern/kanzlei-co/anpassung-der-gwg-grenze-fuer-computerprogramme-auf-800-eur_170_418594.html, Abruf am 21.12.2018

Healey, Pat (2017): Pat Healey, Deutsche Bank, at Rad Hat Summit 2017: Technology Transformation, in: https://www.youtube.com/watch?v=SPRUJ5Z-Aew, Abruf am 18.08.2022

Healey, Pat (o. J.): Personenprofil, https://www.linkedin.com/in/pat-healey-636b36b/?originalSubdomain=uk, Abruf am 28.05.2022

Hofinger, C. (2013) Leasing befreit das ITK-Management aus der Liquiditätsfalle. Wirtschaftsinformatik & Management, 5(2), 80–85.

Hoppen, P.; Hoppen, C. (2009): Bewertung und Bilanzierung selbst erstellter Software, in: Computer und Recht, 25 Jg., Heft 12, 2009, S. 761–767

Janik, M. (2021): Ohne Open Source geht garnichts, in: Computerwoche, 06.09.2021, https://www.computerwoche.de/a/ohne-open-source-geht-gar-nichts,3551750, Abruf am 18.08.2021

Kinsta (2020): Was ist GitHub? Eine Einführung für GitHub für Einsteiger, https://kinsta.com/de/wissensdatenbank/was-ist-github, Abruf 18.08.2022

Kittlaus, H.-B.; Rau, C.; Schulz, J. (2004): Software-Produkt: Begriff und Merkmale, Berlin und Heidelberg

Microsoft (Hrsg.) (2018a): Office 365, http://office.microsoft.com/de-de/business/, Abruf 26.06.2018

Microsoft (Hrsg.) (2018b): Microsoft Software Assurance, https://www.microsoft.com/en-us/licensing/product-licensing/products.aspx, Abruf 11.11.2018

Microsoft (Hrsg.) (2019): Hilfreiche Funktionen zu SQL-Server 2019, https://www.microsoft.com/de-de/sql-server/sql-server-2019, Abruf 18.08.2022

Pütter, C. (2021): Container Plattform, Boehringer Ingelheim setzt auf OpenShift, in: CIO Magazin, 26.07.2021, https://www.cio.de/a/boehringer-ingelheim-setzt-auf-openshift,3661258, Abruf am 18.08.2022

Red Hat (Hrsg.) (o. J.): Red Hat Insights, Überblick über Ihre Red Hat Deployments, https://www.redhat.com/de/technologies/management/insights, Abruf am 18.08.2022

Red Hat (Hrsg.) (2018a): Nutzungsbedingungen, https://www.redhat.com/de, Abruf 11.11.2018

Red Hat (Hrsg.) (2018b): Kubernetes (k8s) erklärt, https://www.redhat.com/de/topics/containers/what-is-kubernetes, Abruf am 28.05.2022

Red Hat (Hrsg.) (2021a): These Microsoft SQL Server on RHEL 8 benchmark results might surprise you, https://www.redhat.com/en/blog/these-microsoft-sql-server-benchmark-results-might-surprise-you, Abruf am 18.08.2022

Red Hat (Hrsg.) (2021b): How Red Hat Subscriptions deliver business value, https://www.redhat.com/en/resources/how-subscriptions-deliver-business-value-overview, Abruf am 28.05.2022

Red Hat (Hrsg.) (2022a): Die offene Organisation - Open Source als Grundlage für zukünftige Unternehmens- und Arbeitsumgebungen, https://drive.google.com/file/d/1P7qSIM9zNV_82-YfLV1iSmOiY0blEjSt/view, Abruf am 17.05.2022

Red Hat (Hrsg.) (2022b): Unser Unternehmen, eine bessere Basis für die Zukunft der IT, https://www.redhat.com/de/about/company, Abruf am 17.05.2022

Red Hat (Hrsg.) (2022c): Red Hat Open Shift kostenlos testen, https://www.redhat.com/de/technologies/cloud-computing/openshift/try-it?sc_cid=7013a00000026OSFAA2&gclid=EAIaIQobChMIleGyl6WC-AIVSJ3VCh2Ptwe3EAAYASAAEgL04_D_BwE&gclsrc=aw.ds, Abruf am 18.08.2022

Red Hat (Hrsg.) (2022d): Security Recommendations for SAP HANA on RHEL, https://www.redhat.com/de/blog/security-recommendations-sap-hana-rhel?channel=blog/channel/security, Abruf am 28.05.2022

Sauer, K. P. (1988) Bilanzierung von Software. Rechnungslegung für Anwendersoftware

Sicherer, K. von (2018) Bilanzierung im Handels- und Steuerrecht, 5. überarb. Aufl., Wiesbaden

Strecker, S.: „IT-Performance-Management: Zum gegenwärtigen Stand der Diskussion", Controlling, Band 20, Nr. 10, 2008, S. 518–523

Telekom (Hrsg.) (2018): Open Telekom Cloud, in: https://cloud.telekom.de/de/infrastruktur/open-telekom-cloud, Abruf 22.10.2018

TÜV (Hrsg.) (2018a): ISO 9001 Qualitätsmanagementsystem, https://www.tuev-sued.de/management-systeme/iso-9001, Abruf. 16.11.2018

TÜV (Hrsg.) (2018b): ISO 27001 – ISMS-Zertifizierung, https://www.tuev-sued.de/management-systeme/it-dienstleistungen/iso-27001,   Abruf 16.11.2018

Westfalen, F. Graf von (1989): Zivilrechtliche und steuerrechtliche Fragen beim Softwareleasing, in: Beilage Nr. 3/89, Der Betrieb, Heft 4, 27.01.1989, S. 1–15

Weissenberg Group (2022): Was verbirgt sich hinter dem Begriff DevOps?, https://weissenberg-group.de/was-ist-devops/, Abruf am 17.05.2022

Wikipedia (o. J.): Stichwort „Open Source", https://de.wikipedia.org/wiki/Open_Source, Abruf am 18.08.2022

Xu (Xander), Wu (2021): Open Source Insights – What we learned from 860 Million GitHub event logs, https://www.freecodecamp.org/news/open-source-insights-what-we-learned-from-860-million-github-event-logs/#:~:text=The%20total%20number%20of%20GitHub,accounts%20was%20about%2014.54%20million, Abruf am 28.05.2028

Praxis der Softwarelizenzierung am Beispiel Microsoft

3

Zusammenfassung

Um die Komplexität der Standardsoftware sowie Onlinediensten zugrunde liegenden Nutzungsbedingungen zu verdeutlichen, erfolgt im nachfolgenden Kapitel ein Überblick über das Lizenzierungsmodell der Firma Microsoft. Die Autoren haben dabei bewusst beispielhaft einen der größten Anbieter von Standardsoftware und Onlinediensten im Produktivitätsumfeld ausgewählt, um für die nachfolgende Darstellung eine möglichst große Zielgruppenrelevanz zu gewährleisten.

Im weiteren Verlauf wird zudem die grundsätzliche Trennung zwischen Lizenz sowie Wartungskomponenten (Software Assurance) und deren lizenzrechtlichen Einfluss erläutert. Nach allgemeinen Ausführungen zum Thema Nutzungsrechte, geben die Autoren einen Überblick über die Lizenzierung eines klassischen Microsoft Standard-produktes, dem Windows Server. In diesem Zusammenhang erfolgt auch die grundlegende Erläuterung des ,Operating System Environment' (OSE), sowie der bei Microsoft Serverlizenzen grundlegenden Problemstellung des ,Server/Client Access License (CAL) Modells. Ausgehend von dieser Basis, werden die Besonderheiten der Lizenzierung klassischer Applikationsserverprodukte wie dem Exchange Server betrachtet.

Anschließend erfolgt aufgrund der Komplexität und Bedeutung im Unternehmenseinsatz, eine dedizierte Betrachtung der

© Springer Fachmedien Wiesbaden GmbH, ein Teil von Springer Nature 2023
S. Brassel, A. Gadatsch, *Softwarelizenzmanagement kompakt*, IT kompakt, https://doi.org/10.1007/978-3-658-39845-3_3

Lizenzierung des Microsoft Datenbankservers SQL 2017. Nach einem Blick auf die grundlegenden Fragen der Microsoft Serverproduktlizenzierung, erfolgt unter Betrachtung der Lizenzierung von Windows 10 der Wechsel auf die Desktopsoftwarelizenzierung. Aufgrund technischer sowie lizenzrechtlicher Besonderheiten, wird der Bereich der virtuellen Desktop-Infrastruktur dabei im Folgenden dezidiert betrachtet. Das Kapitel schließt nach einem kurzen Überblick über das Umfeld der Applikationslizenzierung (wie z. B. Microsoft Office Professional Plus), mit einem Blick auf das von Microsoft bereits im Oktober 2010 auf den Weg gebrachte Konzept von Office 365 sowie der zugrunde liegenden Lizenzierungsphilosophie von Microsoft Onlinediensten.

3.1   Vorbemerkungen im Hinblick auf Vollständigkeit oder rechtliche Relevanz

Die nachfolgenden Ausführungen haben weder einen Anspruch auf Vollständigkeit, noch sind sie im juristischen Sinne als verbindlich anzusehen, insbesondere in Bezug auf die in der Bundesrepublik Deutschland geltende Rechtslage. Darüber hinaus sei an dieser Stelle klargestellt, dass die grundlegenden Lizenzbestimmungen sowie Nutzungsregeln der Firma Microsoft i. d. R. einmal im Kalendermonat aktualisiert, bzw. angepasst werden. Eine wie hier in Schriftform vorliegende Darstellung der Zusammenhänge kann somit niemals ein Höchstmaß an Aktualität bieten. Vielmehr soll es in diesem Buch darum gehen, ein fundiertes Verständnis der grundlegenden Problematik zu vermitteln.

Grundlage der folgenden Erläuterungen sind die von der Firma Microsoft geltend gemachten Nutzungsrechte für Software, Software Assurance sowie Onlinedienste. Dabei unterscheidet Microsoft im Rahmen der sogenannten Produktbestimmungen zwischen:

- Nutzungsrechten von Software
- Verfügbarkeit von Produkten und Diensten innerhalb spezifischer Lizenzprogramme
- Spezifischer Bedingungen für den Erwerb der Produkte

sowie gesonderten Bestimmungen für:

- gegen Aufpreis erhältliche Erweiterungen der Nutzungsrechte inkl. Zugriff auf bestimmte Produkte oder Services (Software Assurance)
- die Nutzungsrechte von Onlinediensten (OST = Online Service Terms), welche analog zu den Produktbestimmungen monatlich aktualisiert werden.

Die jeweils aktuell geltenden Bestimmungen, sind der Website von Microsoft zu entnehmen (vgl. Microsoft 2018a). Darüber hinaus sind die im Einzelnen geltenden Rechte und Pflichten zwischen Microsoft und den Kunden des Unternehmens im Rahmen von sog. Lizenzverträgen geregelt. Neben Gewährleistung, Haftungsbeschränkungen sowie der Laufzeit, wird hier auch geregelt, welche Lizenzen Microsoft im Rahmen eines Lizenzvertrages zur Verfügung stellt und unter welchen Bedingungen diese genutzt werden dürfen. Im Rahmen von Kap. 5 werden die Ausführungen zur Nachprüfung der Vertragserfüllung genauer beleuchtet.

3.2 Grundbegriffe und Anmerkungen zu Lizenzierungsfragen von Microsoft

Im Folgenden werden einige grundlegende Begrifflichkeiten im Umfeld von Microsoft Lizenzierungsfragen erläutert (vgl. Microsoft 2021a).

Als „**Produkttypen**" werden Online Dienste wie Exchange Online oder on-premises Software wie z. B. der Exchange Server bezeichnet.

Bei Onlinediensten erfolgt die Bereitstellung in den Microsoft Rechenzentren. Das entsprechende Lizenzangebot bezeichnet man als Subscription (Abonnement). Die Abonnementkosten beinhalten u. a. Hardware, Bereitstellung, Wartung, Strom und Personal.

Bei on-premises Software erfolgt der Betrieb auf Hardware (Endgeräten und/oder Servern) der nutzenden Unternehmen. Neben dedizierten Lizenzen steht eine additive Wartung (Software Assurance) oder ein Mietmodell zur Verfügung.

Wichtige weitere „**Grundbegriffe**" sind im Folgenden z. B.: Lizenz und Nutzungsrecht; Lizenzmodelle je Nutzer oder Gerät; Subscription bzw. Software Assurance.

Lizenzen sind versionsspezifisch und berechtigen somit dazu, die erworbene Version des Produktes auszuführen. Sie können z. B. in einem ‚Microsoft Product and Service Agreement' MPSA (vgl. Microsoft 2021b) erworben werden.

Software Assurance kann nur bei einer entsprechenden Laufzeitverlängerung (SA Renewal) oder zeitgleich mit der entsprechenden Lizenz erworben werden.

Eine Lizenz mit Software Assurance bietet die Möglichkeit die Lizenz und Software Assurance zeitgleich zu erwerben (s. o.).

Als Software Assurance Benefits versteht sich während der Laufzeit, beispielsweise Ratenzahlung, erweiterte Nutzungsrechte sowie neue Versionen des eingesetzten Produktes (falls verfügbar).

Ein sogenanntes Upgrade ist nur für Windows Desktop Betriebssysteme (auch Embedded) verfügbar (versionsspezifisch). Erforderlich ist hier eine qualifizierende, zugrunde liegende Desktop-Betriebssystemlizenz.

Die **Bestimmungen** für den **Erwerb** bzw. die **Nutzung** von Microsoft Lizenzen oder Onlinediensten finden sich in den Lizenzverträgen bzw. in den Lizenzbestimmungen.

In einem Microsoft Lizenzvertrag befinden sich u. a. folgende Bestimmung:

- Lizenzgewährung/Rechte,
- Gewährleistung/Haftungsbeschränkungen,
- Vorgang zu Bestellungen,

- Überprüfbarkeit der Vertragserfüllung,
- Verweis auf Lizenzierungsbestimmungen als Vertragsbestandteil (vgl. Microsoft 2021c).

Ein besonderes Augenmerk sollte im Rahmen von Microsoft Lizenzverträgen auf das Recht zur Überprüfbarkeit der Vertragserfüllung gelegt werden. Dabei kann eine dritte Partei von Microsoft damit beauftragt werden, die ordnungsgemäße Einhaltung der Lizenzierungsregelungen bzw. Vertragsbestandteile durch den Kunden zu überprüfen.

Bevor eine Lizenz genutzt werden kann, muss sie einem Nutzer (lizenzierter Nutzer) oder Gerät (lizenziertes Gerät) zugewiesen werden. Eine Serverlizenz wird einem physikalischen Server zugwiesen (lizenzierter Server). Für den Zugriff, ist eine entsprechende Zugriffslizenz (CAL) erforderlich.

3.3   Überblick zu den Lizenzverträgen des Herstellers Microsoft

Im Folgenden erfolgt ein Überblick über die aktuelle sowie zukünftige Ausrichtung der Microsoft Lizenzvertragsausgestaltung.[1]

Zukünftige Microsoft Lizenzvertragstypen
Die Lizenzvertragslandschaft von Microsoft ist aktuell geprägt von einer Vielzahl an Vertragsformen mit unterschiedlichen Voraussetzungen, Bestimmungen sowie Zielgruppen. Langfristig strebt Microsoft an, die Anzahl an Vertragsformen zu verringern und alle durch Kunden erworbenen Softwareprodukte oder Services unter einem Vertrag, dem sogenannten 'Microsoft Customer Agreement' (vgl. Microsoft 2021d) zusammenzufassen – unabhängig vom Vertriebsweg über den bezogen wurde.

---

[1]Ergänzend zu den Lizenzprogrammen für Unternehmenskunden gibt es Lizenzprogramme für 'Forschung und Lehre' (Academic/Education) einen Rahmenvertrag für das Bundesministerium des Inneren BMI (Government) sowie Non-Profit-Organisationen. Dies werden hier nicht betrachtet.

Klassische Microsoft Lizenzprogramme
Microsoft Online Dienste bzw. Azure-Services können über verschiedene Lizenzverträge erworben werden. Dabei kann ein Unternehmen einen oder verschiedene Lizenzverträge abschließen, um die unterschiedlichen Optionen nutzen zu können (vgl. Tab. 3.1).

Die dargestellten Lizenzverträge werden grundsätzlich zwischen Microsoft als Lizenzgeber und Endkunden als Lizenznehmer geschlossen. Die Laufzeiten von Onlinediensten gestalten sich zurzeit wie folgt (Ausnahme „Azure Services"):

- ‚Enterprise Agreement': Laufzeit im Allgemeinen ab Bestellung bis zum Ende der 36-monatigen Beitrittslaufzeit
- ‚Open Value': Laufzeit 12 Monate
- ‚Open License': Laufzeit (unabhängig der Autorisierungsnummer) 12 Monate
- ‚MPSA': Laufzeit 12 Monate; Abonnements enden einen Tag vor dem nächsten Jahrestag des Einkaufskontos

Microsoft on-premise Software kann über verschiedene Lizenzverträge erworben werden. Dabei kann ein Unternehmen einen oder verschiedene Lizenzverträge abschließen, um die unterschiedlichen Optionen nutzen zu können (vgl. Tab. 3.2).

Lizenzerwerb Onlinedienste

	Microsoft Customer Agreement	Enterprise Enrollment (EA)	MPSA	Open Value	Open Licence*
Office 365	✓	✓	✓	✓	✓
Microsoft 365	✓	✓	✓	✓	✓
Dynamics 365	✓	✓	✓	✗	✗
Azure Services	✓	✗		✓	✓

✓ verfügbar ✓ teilweise verfügbar ✗ nicht verfügbar   *das Programm ‚Open Licence' wurde zum 31.12.2021 eingestellt

Tab. 3.1 Lizenzerwerb Onlinedienste

Lizenzerwerb On-Premises

	Microsoft Customer Agreement**	Enterprise Enrollment (EA)	SCE	Open Value	Open Licence*	MPSA
	Licence	Licence inkl. Software Assurance			Licence, SA optional	
Desktop Anwendungen	✓	✓		✓	✓	✓
Windows 10	✓	✓		✓	✓	✓
Serverprodukte	✓	✓	✓	✓	✓	✓

✓ verfügbar   *das Programm ‚Open Licence' wurde zum 31.12.2021 eingestellt

**im CSP sind nur Lizenzen ohne SA verfügbar. Darüber hinaus Windows Server & SQL Server als Subskription

Tab. 3.2 Lizenzerwerb On-Premises

Die dargestellten Lizenzverträge werden grundsätzlich zwischen Microsoft als Lizenzgeber und Endkunden als Lizenznehmer geschlossen.

Die Laufzeiten der ‚Software Assurance' (SA) gestaltet sich zurzeit wie folgt:

- ‚Enterprise Agreement': SA Laufzeit ab Bestellung bis zum Ende der 36-monatigen Beitrittslaufzeit
- ‚Open Value': SA-Laufzeit ab Bestellung bis zum Ende der 36-monatigen Vertragslaufzeit
- ‚Open License': SA-Laufzeit ab Bestellung bis zum Ende der 24-montig gültigen Autorisierungsnummer
- ‚MPSA': SA-Laufzeit endet nach 36 Monaten oder wird am 3. Jahrestag des jeweiligen Einkaufskontos angepasst.[2]

Sonderfall: Enterprise Agreement

Das sogenannte „Enterprise Enrollment" dient der unternehmensweiten Standardisierung von Microsoft Desktop Produkten. Initial werden hierfür mindestens 500 qualifizierte Geräte bzw. Nutzer benötigt. Es gibt 3 sogenannte Produkt-Pools: Anwendungen, Betriebssystem, Server. Die Preise innerhalb des Modells ergeben sich aus 4 Stufen (A–D), abhängig von der Anzahl der Lizenzen welche standardisiert werden. (vgl. Microsoft 2021e).

---

[2]Im MPSA sind noch weitere Laufzeitoptionen verfügbar. Auf diese wird hier nicht weiter eingegangen.

Darüber hinaus dient das s.g. ‚Server and Cloud Enrollment' (SCE) der unternehmensweiten Standardisierung von Microsoft Serverprodukten (vgl. Microsoft 2021f).

3.4   Serverumgebung

Grundsätzlich gilt es im Umfeld der Lizenzierung von Microsoft Server Produkten eine Abgrenzung des Begriffes der sogenannten Betriebssystemumgebung (Operating System Environment, kurz „OSE") vorzunehmen.

Operating System Environment (OSE)
Als OSE wird eine in sich geschlossene Instanz der jeweiligen Serversoftware angesehen. Dabei unterscheidet man zwischen physikalischen (POSE) und virtuellen Betriebssystemumgebungen (VOSE). Zur Ausführung einer VOSE wird die Technologie des sogenannten „Hardware Abstraction Layers" (HAL) genutzt, um beispielsweise eine Vielzahl von virtuellen OSEs auf einem einzigen physikalischen Serversystem ausführen zu können (vgl. IT-Wissen.de 2018). Ein physikalisches Serversystem kann dabei gemäß Definition über eine POSE und/oder mehrere VOSE verfügen.

3.4.1   Windows Server

Zum Zeitpunkt dieser Veröffentlichung ist der Microsoft Windows Server in der Version 2016 verfügbar, dessen Lizenzierung hier nun beispielhaft dargestellt werden soll. Als Basis zur Bestimmung der notwendigen Serverlizenzen dient seit der aktuellen Version sowohl die Anzahl der physikalischen Kerne (Cores) je Server-Prozessor (CPU), sowie die Gesamtanzahl der in einem Server verfügbaren physikalischen CPU-Kerne.

Unabhängig von der tatsächlichen Anzahl vorhandener CPU-Kerne je Prozessor sind beim Windows Server 2016 mindestens 8 Kerne je CPU und 16 je Server zu lizenzieren (Mindestlizenzmenge). Ein physikalischer Server mit einer 4 Kern CPU erfordert somit 16 Core-Lizenzen. Ein Serversystem mit 4 CPUs mit jeweils 12 physikalischen Kernen erfordert somit 48 Core-Lizenzen. Es sind jeweils alles physikalischen Cores eines genutzten Serversystems für Windows Server 2016 zu lizenzieren. Die Lizenzen sind in der Stückelung zu je 2 Core-Lizenzen, bzw. 16 Core-Lizenzen verfügbar.

Aus lizenzrechtlicher Sicht unterscheidet Microsoft zudem zwischen den Editionen: Windows Server Standard und Windows Server Datacenter.[3] Hauptunterscheidungsmerkmal ist hier die jeweils erlaubte Anzahl der ausführbaren Betriebssystemumgebungen (OSE).

Auf einem, nach obigem Schemata lizenziertem Server, erlaubt Windows Server 2016 Standard die Ausführung von 2 OSEs. Wenn beide als VOSE genutzt werden, darf zusätzlich eine POSE ausgeführt werden, die aber nur zum Hosten und/oder Verwalten der VOSEs verwendet werden darf.

Die Anzahl der ausführbaren VOSEs lässt sich jeweils um 2 erhöhen, wenn dem Server erneut die notwendige Anzahl an erforderlichen Lizenzen (s. o.) zugewiesen wird. Diese Erhöhung kann nach Bedarf weiter fortgesetzt werden.

Da diese Vorgehensweise ab einer gewissen Menge wirtschaftlich nicht mehr als sinnvoll zu erachten ist, empfiehlt sich stattdessen die Nutzung von Windows Server 2016 Datacenter. Dies ist in der Anschaffung zwar teurer, erlaubt dafür aber die Ausführung einer beliebigen Anzahl von OSEs auf dem lizenzierten Server.

Unabhängig von der Anzahl vorhandener Core-Lizenzen werden für den Zugriff auf beide Windows Server Editionen weiterhin sogenannte CALs (Client Access License) benötigt. Diese sind für zugreifende Endgeräte (Device CAL) oder natürliche Personen (User CAL) verfügbar. Nicht erforderlich sind CALs für den Zugriff durch einen anderen lizenzierten Server. Ebenfalls nicht erforderlich ist eine CAL für den Zugriff auf eine OSE, welche lediglich zum Hosten von VOSEs genutzt wird. Schematisch dargestellt finden sich diese Zusammenhänge in Abb. 3.1.

---

[3] Auf die erweiterten Funktionsunterschiede (wie z. B. Networking Stack) soll hier nicht eingegangen werden.

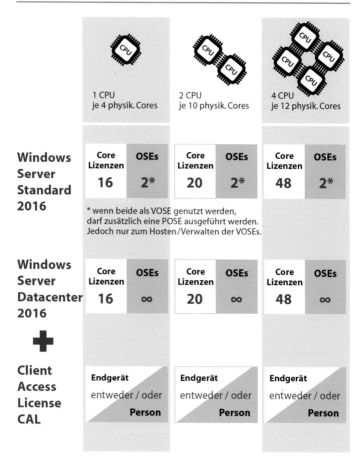

Abb. 3.1 Windows-Server

In diesem Zusammenhang ist zu beachten, dass die Nutzung der im Windows Server verankerten Remotedesktopdienste (RDS = Remote Desktop Services) zu der Notwendigkeit führt, entsprechende RDS CALs additiv auf Endgeräte oder Nutzer Basis zu lizenzieren.

Update gegenüber April 2019

Aktuell verfügbar ist die Windows Server Version 2022 welche im September 2021 veröffentlicht wurde. Die direkte Vorgänger-version war Windows Server 2019. Die Lizenzierung basiert auf jener, welche für Windows Server 2016 galt. Der ,Mainstream-Support' für Windows Server 2016 endete am 10.01.2022. Der erweiterte Support endet am 11.01.2027 (vgl. Microsoft 2022h). Detaillierte Informationen zu den Anpassungen bei Windows Server 2022 stellt Microsoft in der entsprechenden Dokumentation zur Verfügung (vgl. Microsoft 2022i).

3.4.2 Applikationsserver (Exchange, Share Point, Skype for Business)

Nachdem im vorangegangen Kapitel auf die grundlegenden Lizenzierungsaspekte von Windows Server 2016 eingegangen wurde, soll hier nun der Betrieb von Microsoft Applikations-servern auf eben dieser Serverbetriebssystembasis erläutert werden.

Basis für die Betrachtung sind die im Mai 2018 aktualisierten Versionen der Microsoft Serverprodukte: Exchange Server 2016 (vgl. Microsoft 2018b), Share Point Server 2016 (vgl. Microsoft 2018c) sowie Skype for Business Server 2015 (vgl. Microsoft 2018d) (gemäß Informationsstand Mai 2018 ist die Einführung von Skype for Business Server 2019 gegen Ende 2018 geplant. Der Dienst Skype for Business Online soll in dem Produkt Microsoft Teams aufgehen) (vgl. Microsoft 2018e).

Auf die entsprechenden Onlinedienste der Firma Microsoft, Exchange Online (vgl. Microsoft 2018f), Share Point Online (vgl. Microsoft 2018g) sowie Microsoft Teams (vgl. Microsoft 2018h) soll an dieser Stelle nicht dezidiert eingegangen werden.

Den genannten Serverprodukten ist mit Blick auf die Lizenzierung gemein, dass jede ausgeführte Instanz zu lizenzieren ist. Unabhängig davon, ob diese Instanz in einer POSE oder VOSE ausgeführt wird, ist die dafür notwendige Lizenz, für die Dauer von mindestens 90 Tagen, immer dem dedizierten, physikalischen Serversystem zuzuweisen, der die POSE oder VOSE betreibt.

Der Betrieb der Instanz in einem Clustersystem, welches aus mehreren physikalischen Servern besteht und auf Basis der HAL-Technologie (Hardware Abstraction Layer) bspw. ein ‚Loadbalancing-System' zur Verfügung stellt, ist somit mit nur einer Lizenz nicht möglich.

Hier wäre stattdessen jeder physikalische Server entsprechend zu lizenzieren oder man erweitert endgeldlich die Nutzungsrechte der Lizenz durch den zusätzlichen Erwerb der sogenannten Software Assurance (Microsoft 2018i), welche u. a. beim Ausführen der Instanz in einer VOSE die o. g. Mindestdauer von 90 Tagen außer Kraft setzt.

Für die betrachteten Serverprodukte ergibt sich somit aus dem Erwerb der Lizenz inkl. Software Assurance[4] das Recht der sog. Lizenzmobilität, welche aus den erwähnten Gründen den Betrieb auf einem entsprechenden Servercluster ermöglicht.

Weiterhin erfordert das Ausführen von Serveranwendungen mit Software Assurance in Zusammenarbeit mit autorisierten Partnern für Lizenzmobilität durch Software Assurance (oder die Nutzung entsprechender Public Cloud basierter Angebote, wie z. B. auf Basis von Microsoft Azure (vgl. Microsoft 2018j)), das Ausfüllen sowie Einreichen des ‚Formblattes zur Validierung von Lizenzmobilität' bei Microsoft (vgl. Microsoft 2019e) (im weiteren Verlauf wird dieses Szenario nicht nochmals betrachtet).

Darüber hinaus gilt auch bei diesen Serverprodukten, dass der Zugriff auf die jeweiligen Instanzen der Software durch Geräte, bzw. natürliche Personen, durch eine CAL entsprechender Version, bzw. genutzter Funktionalität, lizenzrechtlich abgedeckt sein muss. So erfordert beispielsweise der vollumfassende Zugriff auf die Funktionen von Share Point Server 2016, neben der sogenannte ‚Standard CAL' noch eine erweiterte ‚Enterprise CAL', welche additiv zu lizenzieren ist (vgl. Microsoft 2018k). Für eine schematische Darstellung der erläuterten Problematik, vgl. Abb. 3.2.

---

[4]Hierzu sind die jeweils aktuellen Fristen zum direkten bzw. nachträglichen Erwerb zu beachten

https://www.microsoft.com/de-de/Licensing/lizenzprogramme/software-assurance-faq.aspx.

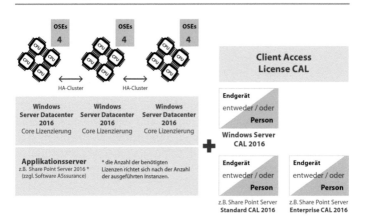

Abb. 3.2 Applikations-Server

3.4.3 Datenbankserver am Beispiel SQL

In diesem Kapitel werden die Besonderheiten der Lizenzierung des Microsoft Datenbankservers SQL in der Version 2017 (vgl. Microsoft 2018l) dargestellt.

Neben der Abgrenzung der Standard sowie Enterprise Edition, werden die Lizenzierungsansätze nach Anzahl der physikalischen Prozessorkerne im Server (pro Core Modell, wobei die Lizenzen jeweils als 2 Core Paket angeboten werden) (vgl. Microsoft 2018l), bei der keine SQL CALs erforderlich sind, bzw. nach dem Server/CAL Modell gegenübergestellt, bei dem jeder direkte, wie auch indirekte Zugriff auf den SQL Server eine CAL erfordert. Zudem wird die Lizenzierung einer VOSE, sowie das Thema Lizenzmobilität innerhalb einer Serverfarm, bzw. allgemein durch die Nutzung von Software Assurance, betrachtet.

Wie bereits erwähnt, kann der Microsoft SQL Server in der Version 2017 sowohl nach zur Verfügung stehender Rechenleistung lizenziert werden oder nach den zugreifenden Nutzern/ Endgeräten im Server/CAL Modell. Dabei stehen für die Standard Edition beide Lizenzierungsoptionen zur Verfügung. Mit Blick auf den potenziellen Einsatzzweck, kann SQL Server Enterprise nur nach dem Core Modell lizenziert werden. Generell lässt sich festhalten, dass sich eine Core-basierte Lizenzierung lohnt, wenn die Anzahl der auf die SQL Server Umgebung zugreifenden Personen oder Endgeräte nicht quantifizierbar ist.

Im Detail muss bei der Core-basierten Lizenzierung zwischen der Lizenzierung der physikalischen Prozessorkerne eines dedizierten Serversystems (vgl. auch Abschn. 3.1.1) bzw. der einzelnen VOSEs, unterschieden werden. Bei der Lizenzierung nach physikalischen Cores müssen so viele Lizenzen erworben werden, wie physikalische Cores in dem Server, auf dem die Software ausgeführt werden soll, vorhanden sind (mindestens 4 Lizenzen je physikalischen Prozessor). Bei der Lizenzierung nach VOSE müssen für jede VOSE so viele Lizenzen erworben werden, wie ihr virtuelle CPU Cores zugewiesen wurden (mindestens 4).

Beiden Varianten ist gemeinsam, dass beliebig viele Instanzen der Server Software in der lizenzierten OSE ausgeführt werden dürfen. Die Unterscheidung zwischen SQL Server Standard 2017 und Enterprise 2017 im pro Core Modell findet sich in Bezug auf die Lizenzierung von OSEs.

Bei SQL Enterprise Core dürfen so viele OSEs/VOSEs auf dem Server ausgeführt werden, wie Core Lizenzen zugewiesen wurden. Für jede weitere zugewiesene Lizenz darf eine weitere OSE ausgeführt werden. Dabei ist die Anzahl der Instanzen, wie bereits erläutert, innerhalb einer OSE beliebig.

Für ein unter SQL Server 2017 Enterprise lizenziertes Serversystem mit vollständiger Software Assurance Abdeckung gilt, dass beliebig viele OSEs/VOSEs der Software ausgeführt werden dürfen (unbegrenzte Virtualisierung). Für ein unter SQL Server 2017 Standard lizenziertes Serversystem gilt, dass keine Virtualisierungsrechte vorliegen. Ausgeführt werden darf nur die physische OSE (dies ist nicht zu verwechseln mit der direkten Lizenzierung nach VOSE).

Im Server/CAL Modell muss für jede auf dem Serversystem ausgeführte OSE eine Lizenz erworben werden. Innerhalb dieser OSE dürfen ebenfalls beliebig viele Instanzen des SQL Servers ausgeführt werden (SQL Server 2017 Standard). Zudem wird für jeden Zugriff eine CAL benötigt (vgl. obige Ausführungen).

Beispiel Share Point Server

Auf einer Windows Server Plattform wird Share Point Server ausgeführt. Dieser nutzt SQL als Datenbank (Server/CAL Modell). Ein Nutzer, welcher auf Share Point Dienste zugreift, muss somit nicht nur für den Zugriff auf Windows Server sowie Share Point Server lizenziert sein, sondern benötigt auch einen Nutzer CAL für den hinter dem Share Point liegenden SQL Server (es sei denn, dieser ist innerhalb des pro Core Modells lizenziert, vgl. hierzu die obigen Ausführungen). ◀

Für ältere SQL Server Enterprise Editionen im Server/CAL Modell ist keine neue Version verfügbar. Zur Nutzung gelten hier abweichende Regelungen, auf die im Folgenden nicht näher eingegangen wird. Eine Besonderheit bei SQL Server 2017 stellt das Thema ‚Failover-Instanzen' dar. Ausschließlich für den Fall, dass SQL Server Lizenzen der Edition 2017 mit der Software Assurance (vgl. Microsoft 2018m) erworben wurden, besteht während der Laufzeit das Recht, passive ‚Failover-Instanzen' als separate OSE auf dem lizenzierten Server oder einem anderen zur Nutzung für das Unternehmen vorgesehenen Server vorzuhalten. Dabei darf die Anzahl der Failover Instanzen die Anzahl der lizenzierten SQL Server Instanzen nicht überschreiten. Für eine Übersicht der dargestellten Optionen, vgl. Abb. 3.3.

Update gegenüber April 2019
Am 04.11.2019 veröffentlichte Microsoft SQL Server 2019. Die Lizenzierung basiert auf jener, welche für SQL Server 2016 galt (nicht eingegangen wird an der Stelle auf Anpassungen bzgl. der Nutzung von ‚Software Assurance' SA. bzw. SQL-Server Big Data Nodes).

Der ‚Mainstream-Support' für SQL Server 2016 endete am 12.07.2021. Der erweiterte Support endet am 13.07.2026.

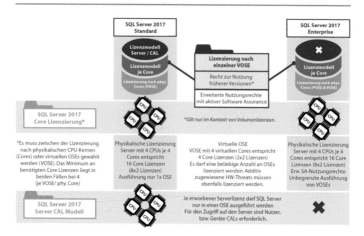

Abb. 3.3 SQL-Server

3.5 Clientumgebung

Nachdem die Verfasser in Abschn. 3.1 einen Überblick über den Themenkomplex der Lizenzierung von Microsoft Server-produkten gegeben haben, geht es im Folgenden um die Betrachtung der unterschiedlichen Desktopprodukte. Wie schon zuvor gehen wir dabei von der Betriebssystemebene als Basis, auf die einzelnen Produktgruppen ein. Dabei steht wiederum die grundsätzliche Problemstellung im Vordergrund. Jedes einzelne Detail möglicher Lizenzierungsfragen zu erörtern, ist aufgrund des sich nahezu monatlich ändernden „Status Quo" didaktisch nicht sinnvoll.

3.5.1 Windows Desktop OS

Zum Themenkomplex Microsoft Windows Desktop Operating System sei eine Vorbemerkung gestattet. Bezeichnend für die vergangenen Versionen Windows Vista, Windows 7 bzw. Windows 8, waren Veröffentlichungsversionen, welche im Rahmen des Lebenszyklus der Produkte durch sogenannte ‚Service Packs' von

Microsoft, um neue Funktionen aktualisiert wurden (unabhängig von regelmäßig erscheinenden Sicherheitsupdates). Nicht selten ‚übersprangen' Unternehmen dabei jeweils ein sogenanntes ‚Major Release'. Ausgehend von dem weit verbreiteten Windows XP, verlief die Adaption von Windows Vista eher zurückhaltend. Windows 7 hingegen erfreute sich großer Beliebtheit, wohingegen Windows 8 wiederum eher schleppend vom Markt angenommen wurde (vgl. Statista 2019).

Mit der Veröffentlichung von Windows 10 hat Microsoft in Bezug auf die Release-Politik einen Paradigmenwechsel vollzogen. Haben sich Unternehmen in der Vergangenheit alle paar Jahre auf einen großen Releasewechsel (z. B. der Wechsel von Windows XP zu Windows 7) vorbereitet, soll anstelle der ‚Projektplanung Desktop Betriebssystemwechsel' nach dem Willen von Microsoft ein fortlaufender Prozess treten. Microsoft versteht Windows 10 dabei als kontinuierlichen Service, und damit zumindest vom Namensschema her, als das letzte große Release des Redmonder Softwarehauses im Umfeld der Desktop Betriebssysteme.

Dabei unterscheidet Microsoft (mit Blick auf die Unternehmenswelt) zwischen Windows Professional und Windows Enterprise. Letzteres bietet mit Blick auf Unternehmensbedürfnisse, einen erweiterten Funktionsumfang (z. B. Credential Guard, Device Guard, AppLocker Management, …).

Im Zuge der Umstellung auf ‚Windows as a Service' stellt Microsoft zweimal im Jahr (geplant sind hier März und September), sog. ‚Feature-Updates' zur Verfügung. Diese werden für einen festen Zeitraum durch monatlich erscheinende ‚Qualitäts-Updates' in Bezug auf Sicherheit und Fehler aktualisiert.

Diese sogenannte „Semi Anual Channel" Politik stellt IT-Abteilungen in Unternehmen vor die große Herausforderung, einen dauerhaften Prozess zu etablieren, bei dem unternehmenskritische Applikationen anderer Softwarefirmen beständig auf eine fehlerfreie Koexistenz mit dem jeweiligen Windows 10 ‚Channel Release' überprüft werden müssen.

Aufgrund dieser Problematik hat Microsoft die Situation unlängst insofern entschärft, als dass der aktuelle Support-Zeitraum für das jeweils für September eines Jahres geplante Channel Release nun 30 Monate beträgt (vgl. Microsoft 2018n).

Die grundsätzliche Problematik ändert sich hierdurch jedoch nicht. Zudem gewährt Microsoft den erweiterten Supportzeitraum nur jenen Kunden, welche sich für die aufpreispflichtige Nutzung von Windows 10 Enterprise entschieden haben (vgl. Microsoft 2018o).

Darüber hinaus stellt Microsoft noch (in ungefähr dreijährigem Rhythmus, aktuell ist 2016) eine gesonderte Version von Windows 10 zur Verfügung: LTSC (ehemals LTSB – Long Term Servicing Channel). Diese Variante ist nicht für den Einsatz von Office Systemen gedacht, sondern eignet sich aufgrund des Supportzeitraums (fünf Jahre kommerzieller Support und zusätzlich weitere fünf Jahre erweiterter Support) eher für stabile Umgebungen wie z. B. Produktionsmaschinen oder medizinische Geräte. Entsprechend ist ein lokales oder dezentrales Virtualisierungsrecht nicht vorhanden (vgl. Microsoft 2018p).

Die grundlegende Struktur des über den Supportzeitraum je Version stabil gehaltenen Betriebssystemkerns, kann dabei neben Inkompatibilität mit aktuellen Technologien (wie CPUs) auch zu Problemen mit dem Ausführen von Office365 führen. Aus diesem Grund eignet sich LTSC in keinem Fall als Ersatz für Windows 10 Enterprise oder Professional (vgl. Microsoft 2018q).

Einem grundlegenden Konzept für Unternehmenskunden ist Microsoft dabei auch mit Windows 10 treu geblieben. In den gängigen Volumenlizenzverträgen[5] für Unternehmen sind keine ‚Vollversionen' von Windows 10 verfügbar. Die sog. ‚Upgradelizenzen' setzen immer ein qualifizierendes Betriebssystem auf der eingesetzten Hardware voraus (wie z. B. Windows 10 Professional OEM) (vgl. Microsoft 2018r).

Somit gilt auch weiterhin, dass nach Ansicht von Microsoft erworbene Software Assurance (z. B. für das Upgrade von Windows Professional zu Windows Enterprise) neuen Geräten zugewiesen werden darf, solange sie durch eine entsprechende OEM Lizenz

---

[5] Wie beispielsweise: Open License, Open Value, Enterprise Agreement (EA), Microsoft Product and Service Agreement (MPSA).

qualifiziert sind. Dabei darf diese Neuzuweisung nur alle 90 Tage erfolgen (vgl. Microsoft 2018s).

Generell kann Windows 10 auf Gerätebasis erworben werden. Alternativ stellt Microsoft nun auch die Option zur Verfügung, Windows 10 nutzerbasiert zu lizenzieren (vgl. Microsoft 2018t).

Update gegenüber April 2019
Als Windows 10 E3/E5 (erweitert um Microsoft ,Defender for Endpoint') bezeichnet Microsoft die nutzerbasierte Lizenz. Windows 10 Enterprise bezeichnet die gerätebasierte Lizenz. Windows 10 sowie Windows VDA (außer LTSC)[6] erhalten monatliche Qualitätsaktualisierungen (z. B. Sicherheits-Patches) und halbjährliche Funktionsaktualisierungen.

Verfügt als einzige Windows Version über eine Versionsnummer (aktuell 2021) (vgl. Microsoft 2022j). Der Supportzeitraum beträgt 5 Jahre Standard zzgl. weiteren 5 Jahren erweiterten Support. Am 05. Oktober 2021 erschien Windows 11 als Nachfolgeversion von Windows 10. Das mit Windows 10 eingeführte: Windows as a Service Modell, blieb dabei erhalten.

Nachfolgende Anpassungen hat Microsoft dabei vorgenommen:

- Funktions-Updates erschienen bei Windows 10 zweimal im Jahr (s. o.), bei Windows 11 nun nur noch einmal jährlich. Diese Funktions-Updates werden von monatlichen Qualitätsaktualisierungen begleitet (s. o.).
- Der Zeitraum der zur Verfügungstellung beträgt bei Windows 10: 18 Monate für März-Releases sowie 30 Monate für September-Releases.
- Für Windows 11 gilt: 24 Monate für Windows Pro sowie 36 Monate für Windows Enterprise.
- Das Supportende für Windows 10 Home, Pro &. Education gibt Microsoft aktuell mit dem 13. Oktober 2025 an (vgl.

---

[6]Windows Enterprise LTSC.

Microsoft 2022k). Gleiches gilt aktuell für Windows Enterprise.

- Die jeweils aktuell gültigen Lizenzierungsgrundlagen für die Editionen von Windows 10/11 finden sich in dem Microsoft „Product Terms – Windows Desktop Operating System" (vgl. Microsoft 2022l).

3.5.2 Virtueller Desktop (VDA)

Bei einer virtuellen Desktop Infrastruktur wird das Desktop Betriebssystem nicht lokal auf dem Client, sondern zentral auf einem Serversystem ausgeführt. Bei einer dedizierten Infrastruktur steht dem Nutzer immer die identische VOSE zur Verfügung. Bei einem ‚Pooling-Konzept' steht dem Nutzer immer die jeweils nächste, freie VOSE zur Verfügung (vgl. Microsoft 2018u).

Somit benötigt eine Windows Desktop Virtualisierung (VDI) in Bezug auf die lizenzrechtlichen Abhängigkeiten eine gesonderte Betrachtung, da diese Vorgehensweise nur durch die Verwendung einer Windows 10 Enterprise ‚Virtual Desktop Access' (VDA) Lizenz gestattet ist.

Mit dieser Lizenz steht auch ein lokales Nutzungsrecht zur Verfügung, aber nur wenn das ausführende Gerät über eine qualifizierende Betriebssystembasis verfügt. Sonst dient die Lizenz vornehmlich zum Nutzen einer virtuellen Instanz des Windows Desktop Betriebssystems von Zugriffsgeräten, wie beispielsweise von einem Thin Client aus (auf das Zurverfügungstellen virtueller Windows Instanzen über Microsoft Azure bzw. über das Multitenant Hoster Program, soll hier nicht näher eingegangen werden) (vgl. Microsoft 2018u).

Entscheidend ist hier, dass neben den Lizenzen für das Desktop Betriebssystem, ebenfalls Windows Server Remote Desktop Services (RDS) CALs je Nutzer oder Gerät erforderlich sind, wenn RDS Rollen eines Windows Servers genutzt werden. Hierzu zählen z. B. Remote Desktop Gateway, Remote Desktop Connection Broker, … usw. Die Notwendigkeit der Lizenzierung von Windows Server CALs (je Nutzer oder Gerät) ist bei diesem Szenario selbsterklärend.

Abschließend sei erwähnt, dass die obigen Ausführungen zum Thema VDI auch gelten, wenn zusätzlich Drittsoftware zur Nutzung eines virtuellen Windows Desktops verwendet wird (wie z. B. Citrix Xen Desktop) (vgl. Citrix 2019).

Update gegenüber April 2019
Microsoft bietet seit September 2019 mit ‚Azure Virtual Desktop‘ einen cloudbasierten Dienst zur Virtualisierung von Desktops und Anwendungen auf Basis von Microsoft Azure. In diesem Rahmen werden erweiterte Sicherheitsupdates für Windows 7 bis zum Jahr 2023 kostenlos zur Verfügung gestellt. Microsoft bietet ebenfalls ‚Azure Virtual Desktop‘ für Windows Server an, entsprechende RDS-Lizenzierung vorausgesetzt (vgl. Microsoft 2022m).

3.5.3 Produkte der Office Familie

Klassische Produkte der Microsoft Office Familie, wie Office Professional Plus 2016 (vgl. Microsoft 2018v), Visio Professional 2016 (vgl. Microsoft 2018w) oder Project Professional 2016 (vgl. Microsoft 2018w), sind sog. Gerätelizenzen. Dies bedeutet, dass für jedes Gerät auf dem sie genutzt werden, eine entsprechende Lizenz vorhanden sein muss. Zudem sind die einzelnen Editionen einer Software, wie z. B. Office Standard und Office Professional Plus, lizenzrechtlich voneinander zu trennen. So berechtigt beispielsweise der Erwerb des Nutzungsrechtes an Office Professional Plus, nicht zur Nutzung von Office Standard.

Der bereits im Zusammenhang mit Windows 10 erläuterte Paradigmenwechsel bei Microsoft, setzt sich bei den Office Produkten fort. Zwar erscheint voraussichtlich am 01. Oktober 2018 Office 2019 (vgl. Microsoft 2018y), jedoch hat Microsoft den zukünftigen Weg mit Office 365 klar vorgezeichnet (vgl. Abschn. 3.3).

Office Professional Plus und Office Standard
Bei Office Professional Plus 2021 handelt es sich um die aktuellste Version. Gegenüber der Lizenzierung des Vorgängerproduktes ‚Office 2019‘ hat sich nichts geändert. Die Lizenz wird

einem Gerät zugewiesen (das s.g. lizenzierte Gerät, nach 90 Tagen darf eine erneute Zuweisung vorgenommen werden). Hieraus ergibt sich eine ‚Nutzer' unabhängige Verwendung, allerdings jeweils nur für eine Person. Die Remote Verwendung (Terminaldienste, VDI) ist den Nutzern lizenzierter Geräte erlaubt (vgl. Technet 2022).

3.5.4   Applikationsvirtualisierung

Im Zusammenhang mit den klassischen Office Produkten soll an dieser Stelle noch auf ein gesondertes Problem hingewiesen werden. Wie in Abschn. 3.2.3 erwähnt, handelt es sich bei den ‚normalen' Office Produkten, wie Office Professional Plus, um sog. Gerätelizenzen.

Dies gilt auch, wenn die Produkte nicht lokal auf einem Endgerät installiert werden, sondern als virtuelle Applikation oder in einer virtuellen Desktopumgebung (vgl. Abschn. 3.2.2) zur Verfügung gestellt werden.

Um das Problem genauer zu erläutern, sei an dieser Stelle folgendes Beispielszenario aufgeführt.

Beispiel Office Standard 2016

‚Ein mittelständisches Unternehmen setzt flächendeckend Office Standard 2016 für seine 200 IT-Arbeitsplätze ein. Einer Untergruppe im Controlling (15 Personen) soll nun über Terminalservertechnologie eine Drittanwendung zur Verfügung gestellt werden, welche den Einsatz von Office Professional Plus erfordert. Um dieser Anforderung gerecht zu werden, erwirbt das Unternehmen zusätzlich 15 Lizenzen Office Professional Plus, welche zusammen mit der Drittanwendung per Terminalserver zur Verfügung gestellt werden.'

Das beschriebene Beispiel beinhaltet in Bezug auf die Lizenzierung der Microsoft Office Produkte drei potenzielle Problemfelder.

- *Punkt 1* betrifft den Lizenzerwerb. Generell sind von Microsoft zum virtuellen Betrieb nur die sog. Volumenlizenzen zugelassen. Also Lizenzen, welche in einem Volumenlizenzprogramm, wie z. B. Open Value, erworben wurden (vgl. Microsoft 2019a).
- Daran schließt sich *Punkt 2* an. Durch den zusätzlichen Erwerb von Software Assurance erhält der Lizenznehmer erweiterte Nutzungsrechte (vgl. Microsoft 2018p). Hier ist ggf. das sog. Office Roaming Use-Recht relevant, welches für den sog. Hauptnutzer des entsprechend lizenzierten Gerätes gilt. Dieser darf auch von Geräten aus, welche nicht in den Rechtsraum des lizenzierenden Unternehmens fallen und sich außerhalb des Unternehmens befinden (z. B. private Endgeräte der Arbeitnehmer), auf eine virtuelle Instanz der Office Software zugreifen (Lizenzraum Roaming). Dieser Punkt muss im Vorfeld bedacht und bei der technischen Umsetzung berücksichtigt werden.
- *Punkt 3* betrifft die Gerätebindung. In unserem Szenario wäre Office Professional Plus für jedes Gerät zu lizenzieren, welches theoretisch auf die Drittanbieter Applikation und damit verbunden auf das Office Professional Plus Paket zugreifen kann. Aus diesem Grund ist es an dieser Stelle zwingend erforderlich, den Zugriff technisch auf jene Geräte einzugrenzen, von welchen wirklich auf den Terminalserver zugegriffen werden soll.

Eine Möglichkeit zur technischen Umsetzung bietet hier z. B. das Unternehmen fslogix (vgl. fslogix 2019a) mit seinem Produkt ‚App Masking' (vgl. fslogix 2019b). ◄

Generell problematisch in diesem Zusammenhang ist oftmals, dass die beschriebenen Herausforderungen im Zuge eines Software Asset Management Audits transparent werden (vgl. hierzu Kap. 5).

Microsoft 365 Applikationen und Office Professional Plus ‚Terminaldienste'

Die Bereitstellung von Desktop Anwendungen auf der grafischen Benutzeroberfläche von Windows Server, führt zur Nutzung der ‚Windows Server Remote Desktop Services' (RDS). In diesem Fall ist eine Windows Server RDS CAL je Nutzer oder Gerät erforderlich (gilt auch bei Verwendung von Drittsoftwarelösungen von z. B. Citrix XenApp oder XenDesktop). Sollte der Nutzer auch für Microsoft 365 Enterprise Applikationen lizenziert sein, darf er auf bereitgestellte Microsoft 365 Enterprise Applikationen zugreifen. Office 2021 wird von Microsoft nur auf Windows Server 2022 und 2019, nicht jedoch Version 2016 unterstützt.

3.6   Office 365

Die vorangegangenen Ausführungen Client/Server basierten Lizenzierungsregeln gehören, wenn es nach dem Willen von Unternehmen wie Microsoft geht, vermutlich bald der Vergangenheit an. Mit der offiziellen Ankündigung von Office 365 (vgl. Microsoft 2019b) im Oktober 2010 als Nachfolger der ‚Business Productivity Online Suite' (BPOS) (vgl. Microsoft 2019f, g), stellte Microsoft die Weichen für einen grundlegenden Wandel des eigenen Geschäftsmodells. War der in Redmond beheimatete Softwarekonzern bis dahin nach eigenem Selbstverständnis und in der Außenwahrnehmung in erster Linie ein Lizenzgeber für die selbst entwickelten Technologien, bedeutete die Ankündigung von Office 365 den Beginn des Wandels hin zu einem Enterprise Service Anbieter. Mit der Vorstellung von Satya Nadella als dritten CEO von Microsoft am 4. Februar 2014 durch Bill Gates und Steve Ballmer, brachte der Konzern nach der technischen Weichenstellung auch den notwendigen ‚kulturellen' Wandel auf den Weg (vgl. Nadella 2018).

Im Folgenden soll der grundlegende Unterschied zwischen klassischen Lizenzierungsansätzen und den durch ‚Public Cloud Dienste' (wie Office 365) neuen Problemstellungen dargelegt werden.

Aufgrund der sich beständig ändernden Inhalte den von Microsoft angebotenen Abonnements, soll an dieser Stelle auf eine dedizierte Betrachtung der angebotenen Services verzichtet werden. Bei der klassischen Lizenzierung wird zwischen Server/Client und Zugriffslizenzen unterschieden (sowie ggf. erweiterten Nutzungsrechten durch Software Assurance). Betrachten wir beispielhaft die Zurverfügungstellung der Dienste Exchange, Share Point und Skype for Business. Werden diese im unternehmenseigenen Rechenzentrum zur Verfügung gestellt, ergibt sich hieraus ein (aus Lizenzsicht) überaus komplexes Problem.

Microsoft 365 Applikationen
Rechte zur Installation und Nutzung: jeder Nutzer, welchem eine Abonnementlizenz (AL) zugewiesen wird, muss über ein entsprechendes Microsoft Konto verfügen. Hinweis: Die mit der Lizenz zur Verfügung gestellt Software, kann auf bis zu 5 Endgeräten lokal oder remote genutzt werden. Die Lizenz wird dabei einer Person zugewiesen (lizenzierter Nutzer). Nach 90 Tagen darf diese Zuweisung ‚gelöst‘ und die Lizenz erneut ‚vergeben‘ werden. Auf die Bestimmungen zur ‚Shared Computer Activation‘ wird an dieser Stelle nicht eingegangen.

Office 365 E5/E3 ‚Business‘ & Microsoft 365
Office 365 kann einzeln oder als Teil einer Suite (Microsoft 365) E3/E5 je Nutzer lizenziert werden. Microsoft 365 ‚Apps for Enterprise‘ bietet Office Anwendungen, jedoch keine Dienste. Office 365 E1 bietet ausschließlich Dienste, sowie Web- bzw. Mobile-Versionen der Anwendungen. Office 365 E3 kombiniert Anwendungen, Speicher sowie Dienste (inkl. E1 sowie Funktionen zur Sicherheit und Compliance). Office 365 E5 beinhaltet alle Komponenten von E3 sowie erweiterte Sicherheits-Analyse und Sprachfunktionen (vgl. Microsoft 2022a).

Office 365 F1/F3-Lizenzen richten sich an s.g. ‚Frontline Worker‘ und sind auf spezielle Einsatzszenarien zugeschnitten (vgl. Microsoft 2022b). Microsoft 365 ‚Apps for Business‘ ‚Business Basic‘ ‚Standard + Premium‘ sind jeweils auf 300 Nutzer beschränkt. Die Microsoft Business Pläne bieten keine CAL äquivalenten Nutzungsrechte. Business Premium ist dabei nur über das Microsoft Customer Agreement verfügbar (vgl. Microsoft 2022c).

Microsoft 365 (E3/E5) vereint Office 365 inkl. ‚Microsoft Apps for Enterprise‘, Enterprise Mobility + Security (EMS) sowie Windows Enterprise. Es werden somit die ‚Workloads‘ des Enterprise Desktops: Office Professional Plus, Core CAL Suite, Enterprise CAL Suite sowie Windows Enterprise abgebildet. Die Lizenzierung erfolgt nutzerbasiert und beinhaltet zusätzliche Nutzungsrechte für ‚on-premises Produkte‘ (bei Erwerb über ein Enterprise Agreement (EA) oder ein Microsoft Product & Service Agreement (MPSA)).

Detaillierte Informationen zu den einzelnen Plänen, Einsatzmöglichkeiten sowie Voraussetzungen, finden sich innerhalb der ‚Microsoft 365 Dokumentation‘ (vgl. Microsoft 2022d).

Enterprise Mobility + Security (EMS)
Microsoft verfolgt mit EMS die Zielsetzung eines umfassenden identitätsgesteuerten Schutzes für Nutzer, mobile Geräte Applikationen sowie deren Daten. Bestandteile sind unter anderem ‚Azure Active Directory‘, ‚Microsoft Identitäts-Manager‘ und ‚Azure Information Protection‘ bzw. ‚Advanced Threat Analytics‘ (vgl. Microsoft 2022g). EMS kann separate oder als Komponente von Microsoft 365 E3/E5 erworben werden. Die Lizenzierung erfolgt auf Nutzer-Basis.

Lizenzproblematik sehr komplex
Zunächst gilt es die Windows Server Lizenzierung zu betrachten (vgl. Abschn. 3.1.1). Danach erfolgt die Betrachtung der benötigten Applikationsserver Lizenzen für Exchange, Share Point, sowie Skype for Business (vgl. Abschn. 3.1.2). Da es sich bei Share Point um ein datenbankbasiertes System handelt, ist es zudem erforderlich, eine entsprechende Lizenzierung der benötigten SQL Datenbanken vorzunehmen. Erschwert wird die Betrachtung dadurch, dass die benötigten Zugriffslizenzen (CALs) entweder als Nutzer oder Gerätelizenz erhältlich sind, die ent-

sprechenden Desktopanwendungen (hier: das Office Paket) jedoch nur als klassische Gerätelizenz angeboten werden.

Zusätzlich erschwert wird die Betrachtung durch ggf. genutzte
Virtualisierungsszenarien wie VDI (vgl. Abschn. 3.2.4). Zudem
stellt sich, unabhängig von lizenzrechtlichen Fragestellungen, das
Problem der benötigten Infrastruktur sowie der Reaktion auf
unterschiedliche ‚Lastszenarien' bei der Nutzung eben dieser
Infrastruktur.

Die grundlegende Idee des Dienstes von Office 365 könnte
man vor diesem Hintergrund als ‚Komplexitätsreduktion' bezeichnen. Microsoft bietet mit seinen Public Cloud Diensten für
‚generische' IT-Anforderungen, wie Email (Exchange Online),
Kollaboration (Share Point Online) und digitale Kommunikation
im weitesten Sinne (Skype for Business/Teams), ein sogenanntes
hybrides Leistungsbündel (vgl. Clement und Schreiber 2016) an.

Diese Dienste beinhalten eine ‚Vermischung' von IT-
Infrastrukturdiensten, IT-Services und Lizenzbestandteilen. Im
Mittelpunkt der Überlegungen steht dabei der Endnutzer. Das verwendete Endgerät und damit auch in letzter Konsequenz das verwendete Betriebssystem (Office 365 ist u. a. für MacOS verfügbar, vgl. Microsoft 2019b), ist aus Lizenzierungs- und Nutzersicht
nicht mehr entscheidend. Da es sich bei Office 365, wie schon beschrieben, um einen Public Cloud Dienst handelt, entfällt die Betrachtung der Lizenzierung der Serversoftware. Auch die benötigten Zugriffslizenzen (CALs) sind Bestandteil der Abonnements. Im Kern genügt es festzustellen, für welche Anzahl von
Nutzern, welche Dienste benötigt werden. Entsprechend entfallen
die Überlegungen in Bezug auf das Design der benötigten
Hardwareinfrastruktur. Da es sich bei dem Angebot um ‚Dienste'
handelt, entfällt auch ein großer Teil der beim Eigenbetrieb benötigten Wartungsarbeiten (z. B. Patchmanagement). Zudem werden die Endgerätesoftwarekomponenten, wie z. B. Office, nun
ebenfalls personenbasiert lizenziert. Dabei handelt es sich bei
dem Office Paket um eine lokale Installation auf einem Endgerät
(nicht zu verwechseln mit Office Online, vgl. Microsoft 2019c),
wenn auch auf veränderter technischer Basis (Stichwort: Click to
Run, vgl. Microsoft 2019d). Die Clientkomponente des Office

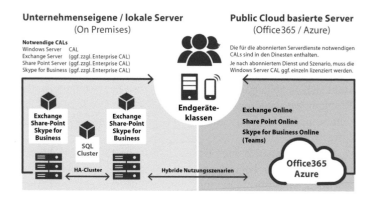

Abb. 3.4 Cloud-Server

Paketes funktioniert somit auch Offline, jedoch erfordert jedes Office 365 Abonnement mindestens alle 30 Tage eine Verifizierung seines Status in der Microsoft Cloud.

Die Abb. 3.4 vergleicht die beiden unterschiedlichen Ansätze miteinander.

In der Realität zeigt sich jedoch nur eine bedingte Vereinfachung. Unterschiedliche Nutzungsszenarien bei den Unternehmen (Kundenzugriff auf Unternehmensinfrastruktur, Nutzung von Serviceprovider Leistungen etc.), sowie die Vermischung der klassischen Lizenzmodelle mit den Public Cloud Angeboten von Microsoft sowie weiterer Softwareanbietern, führen eher zu einer steigenden Komplexität und damit zu erhöhten administrativen Aufwänden bei den Unternehmen (vgl. Kap. 5). Eine grundsätzliche Betrachtung und Einordnung von Public Cloud Services wie Office 365 erfolgt in Kap. 4.

Literatur

Brassel, S.; Gadatsch, A: IT-Management in turbulenten Zeiten: Vom IT-Leiter über den CIO zum CDO, in: Gadatsch, A.; Ihne H.; Monhemius, J.; Schreiber, D. (Hrsg.): Nachhaltiges Wirtschaften im digitalen Zeitalter - Innovation - Steuerung - Compliance, Wiesbaden, 2018, S. 121–134

Brassel, S.; Gadatsch, A.: Softwarenutzung im Umbruch: Von der Software-lizenz zum Cloudbasierten Business Process Outsourcing, HMD Praxis der Wirtschaftsinformatik, 2017, 54(1), 156–164, https://doi.org/10.1365/s40702-016-0279-9

Brassel, S.; Gadatsch, A.: Neues Lizenzmanagement, in: TRENDREPORT, 2016, Heft 3, Seite 13 (Abstract unter http://trendreport.de/digital-lesen/2016-03/#p=12 und Interview unter http://trendreport.de/lizenz-management), 26.10.2016

Brassel, S.; Gadatsch, A.; Kremer, S.: Lizenz-Controlling für Software, Wirksames IT-Kostenmanagement durch effizientes Software-Assetmanagement, in: Controller Magazin, Juli / August 2015, Ausgabe 4, S. 68–72

Citrix (Hrsg.) (2019) Sichere Bereitstellungen virtueller Anwendungen und Desktops, https://www.citrix.de/products/citrix-virtual-apps-and-desktops/, Abruf 06.01.2019

Clement, R; Schreiber D. (2016): Internet-Ökonomie: Grundlagen und Fall-beispiele der vernetzten Wirtschaft Taschenbuch, 2. Aufl. Springer Gabler, Wiesbaden

fslogix (Hrsg.) (2019a): Unternehmenswebseite, https://fslogix.com, Abruf am 08.01.2019

fslogix (Hrsg.) (2019b): app masking, https://fslogix.com/products/app-masking, Abruf am 08.01.2019

IT-Wissen.de (Hrsg.): Hardware-Abstraktionsschicht, https://www.itwissen.info/Hardware-Abstraktionsschicht-hardware-abstraction-layer-HAL.html, Abruf am 21.12.2018

Microsoft (Hrsg.) (2018a): Licencing Terms, http://www.microsoft.com/en-us/licensing/product-licensing/products.aspx, Abruf am 21.12.2018

Microsoft (Hrsg.) (2018b): Exchange Server 2016, https://products.office.com/de-de/exchange/microsoft-exchange-server-2016, Abruf am 21.12.2018

Microsoft (Hrsg.) (2018c): Share Point Server 2016, https://products.office.com/de-de/sharepoint/sharepoint-server, 21.12.2018

Microsoft (Hrsg.) (2018d): Skype for Business Server 2015, https://docs.microsoft.com/de-de/skypeforbusiness/skype-for-business-server-2015, Abruf am 21.12.2018

Microsoft (Hrsg.) (2018e): Häufig gestellten Fragen: Reise von Skype for Business zu Teams, https://docs.microsoft.com/de-de/microsoftteams/faq-journey, Abruf am 21.12.2018

Microsoft (Hrsg.) (2018f): Office mit Office 365 optimal nutzen, https://products.office.com/de-DE/business/get-the-most-secure-office-with-exchange-online?&OCID=AID623568_SEM_6AVnc843&lnkd=Google_O365SMB_App, Abruf am 21.12.2018

Microsoft (Hrsg.) (2018g): Share Point Online-Optionen vergleichen, https://products.office.com/de-DE/SharePoint/compare-sharepointplans?&OCID=AID623568_SEM_PrVvRSPU&lnkd=Google_ O365SMB_App, Abruf am 21.12.2018

Microsoft (Hrsg.) (2018h): Microsoft Teams, Der zentrale Ort für Teamarbeit in Office 365, https://products.office.com/de-DE/microsoft-teams/group-chat-software?&OCID=AID643148_SEM_Z1GuPpKP,   Abruf   am 21.12.2018

Microsoft (Hrsg.) (2018i): Software Assurance für Volumenlizenzierung, https://www.microsoft.com/de-de/Licensing/lizenzprogramme/software-assurance-lizenzmobilitaet.aspx, Abruf am 21.12.2018

Microsoft (Hrsg.) (2018j): Erstellen Sie noch heute Ihr kostenloses Azure-Konto, https://azure.microsoft.com/de-de/free/search/?&OCID=AID631151_SEM_ OyRRc4nI&gclid=EAIaIQobChMIwfDozZOX2wIVDkMYCh2INwE-fEAAYASAAEgIcUfD, Abruf am 21.12.2018

Microsoft (Hrsg.) (2018k): Sharepoint Server Lizensierung, https://www. microsoft.com/de-de/Licensing/produktlizenzierung/sharepoint-server. aspx, Abruf 21.12.2018

Microsoft (Hrsg.) (2018l): SQL-Server 2017, https://www.microsoft.com/de-de/sql-server/sql-server-2017-pricing, Abruf. 21.12.2018

Microsoft (Hrsg.) (2018m): Software Assurance für Volumenlizensierung, https://www.microsoft.com/de-de/Licensing/lizenzprogramme/software-assurance.aspx, Abruf am 21.12.2018

Microsoft (Hrsg.) (2018n): Windows 10 – Versionsinformationen, https:// www.microsoft.com/de-de/itpro/windows-10/release-information, Abruf am 21.12.2018

Microsoft (Hrsg.) (2018o): Helping customers to shift a modern desktop, https://www.microsoft.com/en-us/microsoft-365/blog/2018/09/06/ helping-customers-shift-to-a-modern-desktop/, Abruf 21.12.2018

Microsoft (Hrsg.) (2018p): Software Assurance für Volumenlizenzierung, https://www.microsoft.com/de-de/Licensing/lizenzprogramme/software-assurance-deployment.aspx, Abruf am 21.12.2018

Microsoft (Hrsg.) (2018q): Übersicht über Windows as a Service, https:// docs.microsoft.com/de-de/windows/deployment/update/waas-overview, Abruf am 21.12.2018

Microsoft (Hrsg.) (2018r): Licencing Terms Search Results, http://www.mi-crosoftvolumelicensing.com/ProductResults.aspx?doc=Product%20 Terms,OST&fid=101, Abruf am 21.12.2018

Microsoft (Hrsg.) (2018s): Handbuch zur VLSC Software Assurance, https:// support.microsoft.com/de-de/help/4016988/vlsc-software-assurance-guide, Abruf am 21.12.2018

Microsoft (Hrsg.) (2018t): Windows 10, https://www.microsoft.com/de-de/ Licensing/produktlizenzierung/windows-10.aspx, Abruf am 21.12.2018

Microsoft (Hrsg.) (2018u): Lizensierung virtueller Umgebungen, https:// www.microsoft.com/de-de/Licensing/produktlizenzierung/virtualisie-rung.aspx, Abruf am 21.12.2018

Microsoft (Hrsg.) (2018v): Office Produkte, https://products.office.com/de-de/products, Abruf am 21.12.2018

Microsoft (Hrsg.) (2018w): Visio 2019, https://products.office.com/de-de/visio/visio-professional-business-and-diagram-software, Abruf am 21.12.2018

Microsoft (Hrsg.) (2018x): Projektmanagement-Lösungen vergleichen, https://products.office.com/de-de/project/compare-microsoft-project-management-software?tab=2, Abruf am 21.12.2018

Microsoft (Hrsg.) (2018y): Häufig gestellte Fragen zur kommerziellen Vorschau auf Office 2019, https://support.microsoft.com/de-de/help/4133312/office-2019-commercial-preview-frequently-asked-questions, Abruf am 21.12.2018

Microsoft (Hrsg.) (2019a): Die Lizenzprogramme für kleine und mittelständische Organisationen, https://www.microsoft.com/de-de/Licensing/lizenzprogramme/open-license.aspx, Abruf am 08.01.2019

Microsoft (Hrsg.) (2019b): Office mit Office 365 optimal nutzen, https://products.office.com/de-DE/compare-all-microsoft-office-products?tab=2&OCID=AID717942_SEM_pv44ll5s&lnkd=Google_O365SMB_NI&gclid=EAIaIQobChMI8uDEseO_3QIVLrHtCh2YfQY-MEAAYASAAEgJv0_D_BwE, Abruf am 08.01.2019

Microsoft (Hrsg.) (2019c): Arbeiten Sie kreativer und produktiver im Team mithilfe kostenloser Office Online-Anwendungen, https://products.office.com/de-de/office-online/documents-spreadsheets-presentations-office-online, Abruf 08.01.2019

Microsoft (Hrsg.) (2019d): Office 365, https://www.microsoft.com/en-us/download/details.aspx?id=49117, Abruf am 08.01.2019

Microsoft (Hrsg.) (2019e): Microsoft Lizenzmobilität durch Software Assurance Formblatt zur Lizenzüberprüfung http://wp11219581.server-he.de/TD/pics/spla/downloads/LicenseMobilityVerif.pdf, Abruf am 29.01.2019

Microsoft (Hrsg.) (2019f): Aus BPOS wird Office 365, https://blogs.technet.microsoft.com/austria/2010/10/19/aus-bpos-wird-office365/, Abruf am 30.01.2019

Microsoft (Hrsg.) (2019g): Office 365 Transition Einmaleins, https://blogs.technet.microsoft.com/austria/2012/04/08/office-365-transition-einmaleins/, Abruf am 30.01.2019

Microsoft (Hrsg.) (2021a): Definitionen finden sich unter: https://www.microsoft.com/licensing/terms/productoffering/Microsoft365/EAEAS, Abruf am 01.11.2021

Microsoft (Hrsg.) (2021b): https://www.microsoft.com/de-de/licensing/mpsa, Abruf am 01.11.2021

Microsoft (Hrsg.) (2021c): https://www.microsoft.com/licensing/terms/productoffering, Abruf am 01.11.2021

Microsoft (Hrsg.) (2021d): https://www.microsoft.com/licensing/docs/customeragreement, Abruf am 03.11.2021

Microsoft (Hrsg.): (2021e): https://www.microsoft.com/de-de/Licensing/licensing-programs/enterprise.aspx?activetab=enterprise-tab.primaryr4, Abruf am 14.11.2021

Microsoft (Hrsg.): (2021f): https://www.microsoft.com/de-de/Licensing/licensing-programs/enterprise.aspx?activetab=enterprise-tab.primaryr5, Abruf am 14.11.2021

Microsoft (Hrsg.): (2022a): https://www.microsoft.com/de-de/microsoft-365/enterprise/compare-office-365-plans?market=de, Abruf am 02.03.2022

Microsoft (Hrsg.): (2022b): https://www.microsoft.com/de-de/microsoft-365/enterprise/office-365-f3?market=de, Abruf am 02.03.2022

Microsoft (Hrsg.): (2022c): https://www.microsoft.com/de-de/microsoft-365/business?market=de&ef_id=EAIaIQobChMIsbuFpMqs9gIVE5zVCh-231QPdEAAYASAAEgJMNvD_BwE:G:s&OCID=AID2200004_SEM_EAIaIQobChMIsbuFpMqs9gIVE5zVCh231QPdEAAYASAA-EgJMNvD_BwE:G:s&lnkd=Google_O365SMB_Brand&gclid=EAIaI-QobChMIsbuFpMqs9gIVE5zVCh231QPdEAAYASAAEgJMNvD_BwE, Abruf am 03.03.2022

Microsoft (Hrsg.): (2022d): https://docs.microsoft.com/de-de/microsoft-365/?view=o365-worldwide, Abruf am 03.03.2022

Microsoft (Hrsg.): (2022f): https://www.microsoft.com/de-de/security/business?rtc=1, Abruf am 02.03.2022

Microsoft (Hrsg.): (2022g): https://www.microsoft.com/de-de/security/business?rtc=1, Abruf am 02.03.2022

Microsoft (Hrsg.): (2022h): https://docs.microsoft.com/de-de/lifecycle/products/windows-server-2016, Abruf am 03.03.2022

Microsoft (Hrsg.): (2022i): https://docs.microsoft.com/de-de/windows-server/get-started/whats-new-in-windows-server-2022, Abruf am 03.03.2022

Microsoft (Hrsg.): (2022j): https://docs.microsoft.com/de-de/windows/whats-new/ltsc/whats-new-windows-10-2021, Abruf am 03.03.2022

Microsoft (Hrsg.): (2022k): https://docs.microsoft.com/de-de/lifecycle/products/windows-10-enterprise-and-education, Abruf am 03.03.2022

Microsoft (Hrsg.): (2022l): https://www.microsoft.com/licensing/terms/productoffering/WindowsDesktopOperatingSystem/EAEAS, Abruf am 03.03.2022

Microsoft (Hrsg.)(2022m): https://docs.microsoft.com/de-de/azure/virtualdesktop/overview, Abruf am 03.03.2022

Nadella, Satya (2018): Hit Refresh – Wie Microsoft sich neu erfunden hat und die Zukunft verändert, Börsen Medien, 2. Auflage

Statista (Hrsg.) (2019): Marktanteile der führenden Betriebssysteme weltweit von Januar 2009 bis September 2018, Marktanteile der führenden Betriebssysteme weltweit von Januar 2009 bis September 2018, Abruf am 06.01.2019

Technet (Hrsg.) (2022): Details: https://social.technet.microsoft.com/Forums/lync/en-US/10900172-65e9-4d99-8f4e-93c5f81d0b52/installing-office-2019-on-rds-server?forum=Office2016setupdeploy, Abruf am 02.03.2022

Transformation: Von der Software Lizenz zu Public Cloud Services

4

Zusammenfassung

Im diesem Kapitel geben die Autoren einen Überblick über die Auswirkungen von Public Cloud Services auf die Entscheidungsfindungsprozesse in Unternehmen bzgl. des Einsatzes von Standardsoftware. Bisher war die Rollenverteilung dabei eindeutig geregelt: Die Beschaffung von ‚Standardsoftware' war eine Aufgabe für die IT-Leitung. Im Kern war es ein Bestellprozess für Softwarelizenzen. Die Unternehmensführung (CEO) konnte sich darauf konzentrieren, die Unternehmensstrategie zu entwickeln und in diesem Zusammenhang das Budget für die IT bereitzustellen. Strategisch in der Unternehmensführung diskutiert, wurden lediglich Softwarebeschaffungsprojekte mit Einfluss auf sämtliche Unternehmensabläufe, wie z. B. die Einführung eines ERP- Systems.

Im Fokus des Kapitels steht die Erkenntnis, welcher Einfluss auf die ‚klassische' Rollenverteilung zwischen Einkauf und IT Public Cloud-Services besteht. Nach einem Blick auf den Wandel von Softwarelizenzierungsoptionen zeigen die Autoren die Wechselwirkungen zu den Bereichen: IT-Governance, Risk und Compliance auf. Es folgen einige theoretische Überlegungen zum Transaktionskostentheorem. Die hieraus gewonnenen Erkenntnisse bilden die Basis für ein Vorgehensmodell in Bezug auf die Nutzung von Public Cloud-Diensten im Sinne eines partiellen Outsourcings. Das Kapitel schließt

© Springer Fachmedien Wiesbaden GmbH, ein Teil von Springer Nature 2023
S. Brassel, A. Gadatsch, *Softwarelizenzmanagement kompakt*, IT kompakt, https://doi.org/10.1007/978-3-658-39845-3_4

mit einem umfassenden Blick auf die Herausforderungen, welche Cloud-Dienste abseits von technischen und datenschutzrechtlichen Fragestellungen für Lizenznehmer im Detail zur Folge haben.

4.1   Softwarelizensierung im Wandel

Im Kontext der Digitalisierung ändern sich die Berufsbilder im IT-Management sehr stark, was auch Auswirkungen auf die Frage der Softwarelizenzierung hat. In Abb. 4.1 wird der Wandel skizzenhaft charakterisiert. Spätestens seit den 2000ern ist die IT Teil des Geschäftes und lässt sich nicht mehr vom Business trennen. In der aktuellen Diskussion um Digitalisierung sowie Industrie 4.0 wird sie zunehmend zum determinierenden Faktor für die Unternehmen.

Diese Entwicklungen haben zu Veränderungen der Rollen bis hin zum neuen Berufsbild des Chief Digital Officers (CDO) ge-

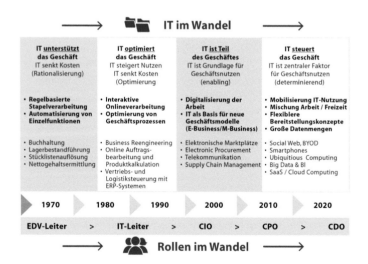

Abb. 4.1 IT im Wandel

Abb. 4.2 CIO-CDO-CPO Vernetzung

führt, der im Gegensatz zum klassischen IT-Leiter, Chief Process Officer (CPO) oder Chief Information Officers (CIO) vor allem neue digitale Geschäftsmodelle entwickelt (vgl. Abb. 4.2).

Die mit der Digitalisierung der Unternehmensprozesse verbundenen Veränderungen führen nicht nur zu neuen Geschäftsmodellen, sondern auch zu Veränderungen an die Anforderungen an die Führung (vgl. Gadatsch 2021). Die Nutzung branchenneutraler Standardsoftware unterliegt hierbei einem drastischen Wandel, dem die Führung eine angemessene Aufmerksamkeit schenken muss. Außerdem sind zunehmend im Zusammenhang mit der Nutzung von Software geschäftskritische Fragen zu klären.

War bisher die „Lizenzierung" und der sich hieran anschließende Betrieb und die Nutzung von Software die übliche Vorgehensweise, so sind aktuell deutliche Veränderungen der Geschäftsmodelle der Anbieter zu beobachten. Softwareanbieter bieten nicht nur den externen Betrieb der Software an (klassisches Outsourcing), sondern auch weitere Services und Prozesse. Damit bewegt sich der Standardsoftwaremarkt in Richtung Business

Process Outsourcing. Der Kunde bezieht Services, welche die Nutzung von Hardware, Software und Dienstleistungen umfassen. Die klassische „Lizenzierung" spielt kaum noch eine Rolle im Gesamtpaket (vgl. Brassel und Gadatsch 2017).

4.2   IT-Governance, Risk und Compliance

Mit der Veränderung der Behandlung von Softwarelizenzen ist zunehmend auch die Unternehmensleitung gefragt. Dies ergibt sich nicht nur aus den betriebswirtschaftlichen Notwendigkeiten, sondern unter Umständen auch aus der Gesetzgebung heraus. Vorstände von Aktiengesellschaften und anlog auch Geschäftsführer von Gesellschaften mit beschränkter Haftung unterliegen den Vorschriften des Aktien- bzw. des GmbH-Gesetzes. Die Einhaltung von Vorschriften und Rahmenregelungen (IT-Compliance) ist demnach keine alleinige Aufgabe der IT-Abteilung (bzw. CIO, CDO), sondern auch der Unternehmensleitung. Um eine ggf. sogar persönlichen Haftung des Vorstandes oder des Geschäftsführers nach §§ 93 Abs. 2, 116 Abs. 1 AktG (analog), 43 GmbHG zu vermeiden, sind Anstrengungen zur Einhaltung von IT-Compliance-Vorschriften notwendig. Hierzu ist ein Internes Kontrollsystem (IKS) notwendig, worunter alle Maßnahmen zur laufenden Überwachung von Geschäftsvorfällen zu verstehen sind, mit dem Ziel, das Unternehmensvermögen vor Verlusten zu schützen (vgl. Belser und Berchtold 2004).

Auch die Berichterstattung des Unternehmens kann davon betroffen sein. Aus dem Handelsrecht ergibt sich nach §§ 289, 317 HGB, dass Angaben zu den vorhandenen Risikofrüherkennungs- und IT-Systemen zu machen sind. Hierzu dürfte auch die Frage der Lizenzierung von Software gehören. Weiterhin sind Prüfungsstandards der Wirtschaftsprüfer zu beachten, insbesondere der IDW Prüfungsstandard 260, der sich mit Fragen des ordnungsgemäßen IT-Einsatzes beschäftigt (vgl. IDW P. S. 260 2001).

4.3 Das Transaktionskostentheorem

Eine besondere Bedeutung kommt im Rahmen von IT-Sourcing-Entscheidungen dem Begriff der Transaktionskosten zu, welcher neben der ‚Theorie der Verfügungsrechte' und der ‚ökonomischen Vertragstheorie' der neuen Institutionenökonomik zugerechnet wird (vgl. Chaudhuri 2009). Der Begriff der Transaktionskosten wurde von Ronald H. Coase in seinem Werk: ‚The nature of the firm' im Jahr 1937 (vgl. Coase et al. 1993) geprägt. Im Jahr 1991 erhielt Ronald H. Coase den Nobelpreis für seine Entdeckung der Transaktionskosten und die damit verbundenen Ausführungen (vgl. Wikipedia 2016).

Ausgangspunkt der Überlegung ist die These, dass ökonomisches Handeln in einer Marktwirtschaft mit Kosten verbunden ist (vgl. Göbel 2002).

Mit Blick auf IT-Sourcing Entscheidungen gilt dabei: Fallen die internen Transaktionskosten höher aus, als die externen Transaktionskosten, so sollte mit Blick auf die Wirtschaftlichkeit ein Outsourcing Ansatz in den Fokus der Aufmerksamkeit der verantwortlichen Entscheider im Unternehmen rücken.

Als Transaktion wird die Übertragung von Verfügungsrechten für materielle bzw. immaterielle Güter, d. h. institutionell legitimierte Handlungsrechte zwischen mindestens zwei Wirtschaftssubjekten, bezeichnet (vgl. Schwartzer 2006). Als eine der Hauptursachen für das Auftreten von Transaktionskosten kann die Informationsasymmetrie zwischen den Transaktionspartnern angesehen werden (hier: IT-Outsourcing-Kunde und IT-Outsourcing-Anbieter), da der Transaktionskostenansatz auf der Annahme der individuellen Nutzenmaximierung basiert. Dabei verhält sich jeder Transaktionspartner im Rahmen seiner gegebenen Handlungsmöglichkeiten so, dass er seine individuellen Ziele am besten erfüllen kann. Hinzu kommt, dass ein Akteur das Verhalten des anderen Transaktionspartners dabei nicht als feste Größe ansehen kann, sondern auch dieser nach seiner persönlichen Nutzenmaximierung strebt. Diese Unsicherheit in Bezug auf die Motive des Transaktionspartners führt zu einer strategischen Unsicherheit für das eigene Handeln (vgl. Jost 2001).

In seinem Aufsatz „The Market for ‚Lemons': Quality Uncertainty and the Market Mechanism" hat George A. Akerlof 1970 dargelegt, wie ein Markt im Falle asymmetrischer Information ex ante aufgrund mangelnder Kenntnis der Produktqualität (hidden characteristics) zusammenbrechen kann. Akerlof hat dies am Beispiel des Marktes für Gebrauchtwagen verdeutlicht, auf dem sich in seinem Modell die qualitativ schlechten Autos („lemons") gegenüber guten Gebrauchtwagen („peaches") durchsetzen.

Für einen detaillierteren Blick auf die Ausgestaltung von Austauschbeziehung zwischen Akteuren in ökonomischem Umgebungen sei auf die so genannte ‚Prinzipal-Agent-Theorie' verwiesen. Grundgedanke ist hier die Einteilung der Protagonisten in den Auftraggeber (Prinzipalen) sowie den Auftragnehmer (Agenten). Dabei richtet sich auch hier der Blick insb. auf die jeweils eigennützigen Ziele der Handelnden und daraus entstehender Interessenkonflikte. Grundlegend ist auch hier die bereits erwähnte Informationssymmetrie (vgl. Stiglitz 1987).

Oliver E. Williamson, der neben Ronald H. Coase einer der zentralen Vertreter der Transaktionskostentheorie ist, unterscheidet zudem den Zeitpunkt zu dem die Transaktionskosten anfallen. Jene Kosten, welche im Zusammenhang mit dem Entwurf, den Verhandlungen und der Absicherung einer Verhandlung stehen, bezeichnet er als ‚ex ante' Transaktionskosten. Nach der Vereinbarung im weiteren Verlauf entstehende Kosten bezeichnet er als ‚ex post' Transaktionskosten (z. B. zur Schließung von Lücken in der originären Vereinbarung bzw. zur Absicherung und Durchsetzung ebendieser) (Hemsch 2002, S. 15–16).

Im Falle von Outsourcing-Verträgen fallen hierunter jene Kosten, welche für die Planung und Informationsbeschaffung, die Überwachung sowie notwendige Modifizierungen des Outsourcing Projektes anfallen. Fallen die internen Produktions- und Transaktionskosten (Gesamtkosten) höher aus als die relativ transaktionskostenintensive Beschaffung über den Markt, existiert die Grundlage für ein Outsourcing von Leistungen, also dem Fremdbezug (vgl. Clement 2010).

Aufgrund des Zusammenhangs von hoher Komplexität und stark ausgeprägter Individualität von Outsourcing-Projekten und der Steigerung von Transaktionskosten, verliert das Kostensenkungsargument in diesem Zusammenhang zunehmend an Bedeutung. Die höchsten Einsparpotenziale liegen beim partiellen Outsourcing (Outtasking) unspezifischer und wenig komplexer Funktionen (vgl. Schott 2006).

In der Vergangenheit handelte es sich bei IT-Outsourcing Projekten meist um komplexe und langwierige Prozesse. Grundlage war oft die Überlegung, dass Unternehmen ihre eigene IT Abteilung in erster Linie als Kostenfaktor und weniger als zentralen Geschäftsbestandteil wahrnehmen, welcher sogar ernsthafte Wettbewerbsvorteile mit sich bringen kann. Einer der prominentesten Vertreter dieser Überlegung dürfte Nicholas G. Carr sein, welcher die These ‚IT Doesn't Matter' erfolgreich in der Zeitschrift Harvard Business Review propagierte (vgl. Carr 2003). Diese Sichtweise führte neben Ausgründungen von IT-Abteilungen in eigenständige Unternehmen zu großen IT-Outsourcing-Projekten mit zum Teil großen Personalübergängen. Die Unternehmen folgten damit der Logik sich auf ihr Kerngeschäft zu konzentrieren und identifizieren IT somit folgerichtig als etwas, das zugekauft werden kann.

Ein Merkmal dieser Outsourcing-Ansätze waren langwierige Verhandlungen mit den Outsourcing Partnern, welche von den Kunden individuell entwickelte IT standardisieren mussten um kostengünstigere Services anzubieten. Dort, wo die Bedeutung der eigenen und damit ‚individuellen' IT unterschätzt wurde, führte dies zu ‚Backsourcing' Bewegungen, d. h. die Unternehmen mussten mühsam eine Rückintegration der IT-Unterstützung durchführen. Dies war in der Regel sehr riskant, da Fachkenntnisse verloren gegangen waren und eine Abhängigkeit von den Outsourcing Partnern die Folge war. Der Wechsel vom Anbieter zurück war teurer als der dauerhafte Nutzen einer selbst betriebenen IT-Lösung (bekannt als „Log-in Effekt" (vgl. Deutsche Bank 2016)).

Die Transformation klassischer Lizenzgeber hin zu Enterprise Service Anbietern fügt dieser Betrachtung nun einen vollkommen neuen Aspekt hinzu. Am Beispiel des amerikanischen Unternehmen Microsoft ist der Wandel gut erkennbar, bereits seit 2013 reorganisiert das Unternehmen sein Kerngeschäft drastisch in Richtung cloudbasierter Geschäftsmodelle (vgl. Clinard 2016).

4.4   Partielles ‚Outsourcing' durch Public Cloud-Dienste

Die Überlegung des sogenannten ‚Sourcing' ist kein Phänomen der jüngeren Wirtschaftsgeschichte. Diese geht auf den sogenannten Taylorismus (Fredrick Windslow Tayler ‚1856–1915') (vgl. Gabler 2018) zurück und trat bereits Ende des 18. Jahrhunderts im Rahmen der Stecknadelproduktion auf.

Ausgehend von der These, dass die höchsten Einsparpotenziale im Outsourcing unspezifischer und wenig komplexer Funktionen liegen (vgl. Abschn. 4.3), lassen sich aus der Transaktionskostentheorie folgende Handlungsempfehlung in Bezug auf die Nutzung von Public Cloud Diensten ableiten.

Unsichere und hoch spezifische Leistungen sollten bevorzugt selbst erstellt werden. Es empfiehlt sich, diese vollständig in das Unternehmen zu integrieren. Dabei wird von den sogenannten ‚Kernkompetenzen' gesprochen. Diese Form der vertikalen Integration, erlaubt den Akteuren den Zugriff auf die umfassenden unternehmensinternen Kontroll- Steuerungs- sowie Sanktionsinstrumente.

Aus Unternehmenssicht sichere und unspezifische Leistungen können am Markt zugekauft werden (Beispiel für Clouddienste z. B. Exchange Online- eine Mail Dienst der Firma Microsoft). Dies spart die Zurverfügungstellung eigener Leistungsressourcen (Hardwareinfrastruktur, Lizenzierung, Personal) und ermöglicht über Wettbewerbsmechanismen die Disziplinierung der Vertragspartner.

Im Umfeld mittlerer Unsicherheit und Spezifität eignen sich Hybride Ansätze. Sie verbinden die Vorteile einer vertikalen Integration mit der disziplinierenden Wirkung der Wettbewerbsmechanismen sowie einer bedingten Risikostreuung.

Den Unternehmen muss bewusst sein, dass ‚outsourcen' auch bedeutet, Leistungen fremd zu vergeben um Kostensenkungen zu realisieren, mit denen der beteiligte Dienstleister Geld verdienen möchte. Solche Geschäftsmodelle funktionieren nur über Skalierung, bzw. Standardisierung.

Die Service Level Agreements (SLAs) im Rahmen von Diensten wie z. B. Office 365 der Firma Microsoft, sind im Prinzip nicht verhandelbar. Der Dienst ist auch nur oberflächlich individuell ‚konfigurierbar'. Die Prozesse, Verfügbarkeit und Haftungsfragen sind weitestgehend vom Anbieter vorgegeben und weltweit standardisiert.

Dies wirft in Bezug auf SLAs ganz neue Fragen auf. Wo vom Nachfrager maximale Flexibilität und Verfügbarkeit gefordert werden, scheiden solche hochstandardisierten Dienste aus. Wo der Einfluss auf die SLAs von großer Bedeutung ist, kann es nach wie vor sinnvoll sein, auf ‚lokale' Outsourcing Partner zu setzen, mit denen die Vertragsinhalte noch verhandelt werden können (vgl. Haselbauer 2016).

Als praxisnaher Ansatz für die Identifizierung von Leistungen, welche sich zum ‚Sourcing' über Public Clouddienste eignen, bietet sich hier eine Analyse und Clusterung der Unternehmensdaten an. Welche Daten sind für den Unternehmenserfolg so entscheidend, dass sie nicht herausgegeben werden können, selbst wenn sie verschlüsselt wurden, und welche Daten könnte man auslagern?

Im Allgemeinen ist es sinnvoll, über die Auslagerung von Basis-IT-Services wie Email, Collaboration, Communication und DataShare nachzudenken. Denn hier lassen sich neben Standardisierungsüberlegungen und Einsparpotenzialen im IT Betrieb, insb. auch Optimierungen im Bereich der Administration realisieren. Dies erfordert jedoch im Vorfeld neben einer ausführlichen technischen Evaluation, auch eine Analyse der zur Diskussion stehenden Vertragswerke in Bezug auf Service Level Agreements (SLA), Pönalen (Strafen für SLA-Verletzungen), Datenschutz, Laufzeiten und Kündigungsfristen.

Darüber hinaus kann es durchaus möglich sein, dass auch über Standardsoftwareapplikationen wie Office, sensible Daten genutzt werden. Hier gilt es Richtlinien zur Dokumenten- bzw. Emailverschlüsselung festzulegen, über den Speicherort dieser Daten nachzudenken (lokal oder bei externen Anbietern) bis hin zu der Überlegung, ob man den mit Office Produkten arbeitenden Teil der Belegschaft ggf. in verschiedenen „Sicherheitsgruppen"

Abb. 4.3 Strategisches Sourcing-Cluster

einteilen muss, von denen Einzelpersonen möglicherweise keine
Onlinedienste nutzen dürfen (vgl. Brassel und Gadatsch 2018).

Die Abb. 4.3 fasst die obigen Überlegungen zusammen und
bietet einen praxisnahen vergleichsweise aufwandsarmen Ansatz
an.

4.5   Herausforderungen für Lizenznehmer

Bis in die jüngste Zeit brachten Unternehmen Lizenzverträge
kaum mit dem Betriff „Outsourcing" in Verbindung. Software
und Business wurden als getrennte Bereiche eingestuft und von
verschiedenen Personen verantwortet. In der Regel erstellte die IT
einen Anforderungskatalog, auf dessen Basis Lizenzverträge mit
den Herstellern verhandelt wurden, ggf. unter Einbeziehung von
weiteren Partnern. Die Entscheider im Unternehmen hatten lediglich einen Fokus auf den finanziellen Aspekt. Aus technologischer
Sicht spiegelten die Lizenzverträge zudem oftmals jene Anforderungen wider, welche die IT als Wertbeitrag bzw. Servicedienstleistung anzubieten hatte.

Die Kundenkontakte der Unternehmen wie z. B. Microsoft fokussierten sich bislang darauf, Themen wie Compliance zu adressieren (Brassel et al. 2015). Die Beratung im Hinblick auf technische und inhaltliche Neuerungen war weniger stark präsent. Erfahrungen der Verfasser zeigten, dass dieser Sachverhalt es den Softwareunternehmen zunehmend erschwerte, potenzielle Kunden zum Wechsel zu bewegen oder auf neue Softwareversionen zu migrieren. Dies hatte für die Hersteller einen nicht unerheblichen finanziellen Aufwand mit der Pflege alter Softwareversionen zur Folge.

Bislang lag der Schwerpunkt der Hersteller-Kunde-Kommunikation mehr auf der Implementierung und Anwendung komplexer Lizenzierungsmodelle als auf technischen oder geschäftlichen Innovationen.

Die Diskussion erhält nun eine neue Qualität, denn Softwarehersteller verbinden zunehmend das Thema Lizenzierung mit der Bereitstellung von IT-Services als hybride Leistungsbündel (Clement 2010). Nun konkurrieren plötzlich Angebote für den Betrieb der Software durch externe Anbieter (z. B. für Querschnittsaufgaben wie Emailservices mit Microsoft Exchange Online oder Kollaborationsanwendungen wie Microsoft SharePoint Online) mit hausintern betriebenen Services durch die unternehmenseigene IT.

Die Diskussion verlagert sich weg von Themen wie Softwarelizenzierung, hin zu einer Konsumierung von Leistung, d. h. dem IT-Betrieb und der Nutzung von Anwendungen. Deren mögliche Auswirkungen im Unternehmen, wie Personalabbau nicht mehr benötigter IT-Spezialisten, haftungs- und datenschutzrechtliche Fragen erfordern eine viel frühere und intensivere Einbindung der Unternehmensleitungen, als bei der reinen Preisverhandlung von Lizenzverträgen durch die IT bzw. den IT-Einkauf. Es ist das nachvollziehbare Bestreben der Softwarehersteller, die Komplexität der Fragestellung einer „Make or Buy" Entscheidung eher in den Hintergrund zu bringen und sich auf technische Features zu fokussieren.

Hierdurch werden Entscheidungsträger oftmals erst viel zu spät in den Prozess mit eingebunden. Denn im Gegensatz zum klassischen Outsourcing, welchem i. d. R. auf Basis strategischer

Entscheidungen durch die Unternehmensführung langwierige Evaluierungs- und Anbietervergleiche vorausgehen und denen oftmals komplexe Vereinbarungen und Service Level Agreements zu Grunde liegen, verlagert sich dies bei Angeboten, wie beispielsweise „Office 365" von Microsoft, zur Unterschrift unter einem Lizenzvertrag, obwohl hier ein klassisches Outsourcing-Geschäft vorliegt.

Zudem taucht bei diesen „partiellen" Outsourcing-Überlegungen die Fragestellung nach der Klassifizierung von internen IT-Services auf. So sind jene Services, welche als Kommodität identifiziert werden können und sich damit tatsächlich standardisiert in die unternehmerischen Prozesse integrieren lassen, von jenen zu trennen, welche entweder zu individualisiert sind, oder einen tatsächlichen Wettbewerbsvorteil generieren (vgl. Abschn. 4.3).

Hilfreich erscheint an dieser Stelle die Abgrenzung unterschiedlicher ‚Darreichungsformen' von IT-Services zwischen Eigen- und Fremdbetrieb entlang der Achse (relativer) Sicherheit sowie der Integration übergreifender Service Ansätze (z. B. automatischen Patchmanagement).

Unter Betriebs-, Organisations- und Eigentumsaspekten wird grundsätzlich zwischen zwei Cloud Typen unterschieden: Den ‚Private Clouds' sowie den ‚Public Clouds'. Eine Public Cloud stellt eine Auswahl von hochstandardisierten skalierbaren Geschäftsprozessen, Anwendungen und/oder Infrastruktur-Services auf einer variablen Basis grundsätzlich für jedermann gleichzeitig (Multimandantenfähigkeit) zur Verfügung, wobei die Nutzer organisatorisch nicht verbunden sind und sich die zugrunde liegenden Ressourcen teilen (Bitkom 2010, S. 29–30). Der bekannteste Vertreter der ‚Public Cloud' ist das World Wide Web, die wohl am stärksten skalierende, hoch performante, weltweit verteilte Infrastruktur, die wir kennen. Ein Spezialfall der Public Cloud ist die ‚Virtual Private Cloud'. Hier wird dem Nutzer eine durch geeignete Sicherheitsmechanismen abgeschottete und individualisierte IT-Umgebung zur Verfügung gestellt. Der Zugriff erfolgt in der Regel über eine ‚Virtual Privat Network' (VPN) Verbindung (vgl. Bitkom 2009, S. 29–32).

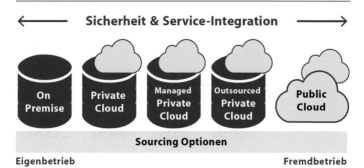

Abb. 4.4 Sourcing-Optionen versus Sicherheit & Serviceintegration

Private Clouds sind nicht öffentlich, sie bezeichnen die Bereitstellung von Cloud-Computing-Leistungen für eine definierte Nutzergruppe. Der Zugang ist auf autorisierte Personen beschränkt und erfolgt in der Regel über ein Intranet oder VPN. Im Sinne einer Sourcing Dimension sind noch 2 Untergruppen möglich. Die ‚Managed Private Cloud' wird auf Basis von SLAs im Hause des Kunden von einem Dienstleister betrieben. Bei der ‚Outsourced Private Cloud' baut oder übernimmt der Dienstleister eine Cloud Infrastruktur welche dann auch physisch bei ihm verbleibt.

Abb. 4.4 stellt den Zusammenhang zwischen unterschiedlichen Sourcingoptionen entlang der Achse (relativer) IT-Sicherheit sowie möglicher Serviceintegration dar.

Nutzungskombinationen von Private Clouds, Public Clouds und traditioneller IT-Umgebung, die sog. ‚Hybrid Clouds', werden in Zukunft wohl die am häufigsten anzutreffende Form des Cloud-Computing darstellen. Die Herausforderung bei diesem Modell liegt darin, traditionelle IT-Umgebung, Private Cloud und/oder Public Cloud-Dienste auf Applikations-, Middleware- und Infrastrukturebene in Bezug auf Services und Sicherheit zu integrieren (vgl. Bitkom 2009, S. 30–31).

Aufgrund der aktuellen Sichtweise des Cloud-Computing als Architekturparadigma, lassen sich die zur Verfügung gestellten Dienstleistungen in ein drei Ebenen Modell einordnen. Die Bereitstellung einer skalierbaren IT-Infrastruktur (Prozessorleistung, Arbeits- bzw. Festplattenspeicher) auf nicht eindeutig

zugeordneten IT-Ressourcen über ein Netzwerk wird als ‚Infras-
tructure as a Service' (IaaS) bezeichnet (zum Beispiel: Amazon
Web Services). Als ‚Platform as a Service' (PaaS), bezeichnet
man das zur Verfügung stellen von Laufzeit- und/oder Ent-
wicklungsplattformen auf nicht eindeutig zugeordneten IT-Ressourcen. Die Zielgruppe dieser Plattformdienste sind unter anderem Softwareanbieter und Anwendungsentwickler (Beispiel:
Google App Engine). Das Anbieten skalierbarer, onlinefähiger
Standardanwendungen wird als ‚Software as a Service' (SaaS)
bezeichnet. Die grundliegende Idee ist hier, Software als eine laufende Leistung (Service) anzubieten. Der Fokus liegt dabei auf
dem Anwender (Beispiel: SalesForce.com) (vgl. Repschläger
et al. 2010, S. 9–11).

Im Gegensatz zum ‚Application Service Providing' (ASP),
bietet der Dienstleister beim SaaS-Modell nicht für jeden Kunden
eine eigene Installation, sondern alle nutzen dieselbe Anwendung
und Infrastruktur, welche sich bei einem Dienstleister befindet.
Vorteil des 1:n-Ansatzes ist unter anderem, dass Änderungen und
Erweiterungen, wie z. B. notwendige Updates, die alle Kunden
betreffen, nur einmal vorgenommen werden müssen. Der hohe
Grad an Standardisierung erzeugt jedoch Einschränkungen in
Bezug auf die individuelle Anpassbarkeit der Lösung an die jeweiligen Kundenbedürfnisse (vgl. oben). Ein Kernargument
gegen die Inanspruchnahme von SaaS liegt unter anderem in der
Abhängigkeit von dem jeweiligen Anbieter, da sowohl Software
wie auch die hierfür benötigte Rechenzentrumsinfrastruktur gemietet werden.

Bei Angeboten wie z. B. Office 365 von Microsoft handelt es
sich um einen hybriden Ansatz. Hier werden lokale Installationen
auf einem Endgerät (wie bei klassischen Softwareprodukten) mit
Public Cloud-Diensten ‚verschmolzen'.

Die grundsätzliche Schwierigkeit für Entscheider (neben
IT-Sicherheits- und generellen juristischen Fragestellungen) bei
der Nutzung von Public Cloud Services, liegt in der Integration
und mittelfristig notwendigen ‚Neudefinition' von Services, Leistungen und Mehrwerten der Unternehmens-IT und zugekauften
IT-Services (vgl. Kap. 6).

Literatur

Belser, S.; Berchtold, O. (2004): Einführung eines Internen Kontrollsystems (IKS) – besonders im Personalbereich, in: Controller-Magazin, Heft 04, 2004, S. 317–322

Bitkom (Hrsg): 2009: Cloud Computing - Evolution in der Technik, Revolution im Business, https://www.bitkom.org/sites/default/files/pdf/noindex/Publikationen/2009/Leitfaden/Leitfaden-Cloud-Computing/090921-BITKOM-Leitfaden-CloudComputing-Web.pdf, Abruf am 21.12.2018

Bitkom (Hrsg): 2010: Cloud Computing – Was Entscheider wissen müssen, https://www.bitkom.org/sites/default/files/pdf/noindex/Publikationen/2010/Leitfaden/Leitfaden-Cloud-Computing-Was-Entscheiderwissen-muessen/BITKOM-Leitfaden-Cloud-Computing-Was-Entscheider-wissen-muessen.pdf, Abruf am 21.12.2018]

Brassel, S.; Gadatsch, A.: Softwarenutzung im Umbruch – Von der Softwarelizenz zum Cloudbasierten Business Process Outsourcing, in: Reinheimer, S.(Hrsg.): Cloud Computing – Die Infrastruktur der Digitalisierung, S. 21–28 (1. Aufl. 2018)

Brassel, S.; Gadatsch, A. (2017): Softwarenutzung im Umbruch: Von der Softwarelizenz zum Cloudbasierten Business Process Outsourcing, HMD Praxis der Wirtschaftsinformatik, 2017, 54(1), 156–164, https://doi.org/10.1365/s40702-016-0279-9

Brassel, S.; Gadatsch, A.; Kremer, S. (2015): Lizenz-Controlling für Software, Wirksames IT-Kostenmanagement durch effizientes Software-Assetmanagement, in: Controller Magazin, Juli / August 2015, Ausgabe 4, S. 68–72

Carr, N. G. (2003): IT doesn't matter In: Harvard Business Review. May 2003. pp. 5–12

Chaudhuri, A. (2009): Die Outcoursing/ Offshoring Option aus der Perspektive der neuen Institutionsökonomik - Arbeitspapiere der FOM Nr. 13, S. 1–2

Clement, R. (2010), IT-Dienstleistungsinnovationen, Skriptum, Sankt Augustin

Clinard, M. (2016): Microsoft will serve you, Fortune 500, 2016-06-15, pp. 58–65

Coase, R. H., Williamson, O., Winter S. (1993): The Nature of the firm - Origins, Evolution and Development, S. 18–33

Deutsche Bank (Hrsg.) (2016): Big Data, die ungezähmte Macht, Frankfurt am Main, http://www.it-for-work.de/blob/da_itforwork/Downloads/3252238/a2b56548778f4caf7ffd5ed76d049369/Big_Data_Die_ungezaehmte_Macht-data.pdf, Abruf am 26.06.2016

Gadatsch, A. (2016): Die Möglichkeiten von Big Data voll ausschöpfen, Controlling & Management Review, Sonderheft 1/2016, S. 62–66

Gadatsch, A.: IT-Controlling, 2. Aufl., Wiesbaden, 2021

Gabler (2018), https://wirtschaftslexikon.gabler.de/definition/taylorismus-48480, Abruf am 21.12.2018

Göbel, E. (2002): Neue Institutionenökonomik: Konzeption und betriebswirtschaftliche Anwendungen, Stuttgart, in: Richter, R.; Furubotn, E.G. (2003): Neue Institutionen-Ökonomik: Eine Einführung und kritische Würdigung. 3. Auflage, Tübingen

Haselbauer, D. (Hrsg.) (2016): Handbuch Digitalisierung, S. 199–202 (S. Brassel, A. Gadatsch) Neues Lizenzmanagement (1. Aufl. 2016)

IDW, P. S. 260: Das interne Kontrollsystem im Rahmen der Abschlussprüfung. *Die Wirtschaftsprüfung*, 2001, S. 821–831.

Jost, P. (Hrsg.): (2001): Der Transaktions-Kostensatz in der Betriebswirtschaftslehre, Stuttgart

Hemsch, M.: (2002): Die Gestaltung von Interorganisationsbeziehungen, 1. Auflage, Köln, S. 15–16

Repschläger, J., Pannicke, D., Zarnekow, R.: (2010): Cloud Computing: Definitionen, Geschäftsmodelle und Entwicklungspotentiale - HMD Praxis der Wirtschaftsinformatik, Heft 275 (S. 9–11, 2010)

Schwartzer, I. (2006): Die Transaktionskostentheorie im Überblick, München

Schott, E. (2006): Die Kosten des Outsourcings, http://www.computerwoche.de, Abruf 17.05.2012

Stiglitz, J. E. (1987): Principal and Agent, in: The New Palgrave: A Dictionary of Economics, Nr. 3, S. 966–972

Wikipedia (Hrsg.) (2016) List of Nobel laureates, https://en.wikipedia.org/wiki/List_of_Nobel_laureates, Abruf 13.09.2016

Assetmanagement von Software und Public Cloud Diensten

5

Zusammenfassung

In diesem Kapitel geben die Autoren einen Überblick über das klassische Software Assetmanagement, dessen strategischen Nutzen für die sich ändernden Anforderungen an die unternehmensweite IT-Infrastruktur sowie den entsprechenden Auswirkungen der in Unternehmen immer stärker zum Einsatz kommenden Public Cloud Services.

Hierzu werden zunächst noch einmal kurz die unterschiedlichen Bereitstellungsmodelle von Softwareanbietern abgegrenzt sowie die Problemstellung der sogenannten Nutzungsrechte erläutert. Es folgt eine Ableitung der sich hieraus ergebenden Risiken der Softwarenutzung im Sinne von ungewollten Nutzungsrechtsverstößen, Compliance Fragen, sowie mögliche Konsequenzen aus der Substitution klassischer Softwareprodukte durch ‚Public Cloud Dienste'.

Ein aus der zuvor beschriebenen Problemstellung abgeleitetes Anforderungsmanagement soll Entscheidern dabei helfen, die Problematik von Lizenzierungsfragen innerhalb von Softwarenutzungsverträgen sowie deren Wechselwirkungen mit Verträgen unterschiedlicher Anbieter von Software und Public Cloud Services abschätzen zu können.

Aus dem Anforderungsmanagement leitet sich im Folgenden die Fragestellung nach der Synchronisation der unternehmensweiten IT-Strategie und der Softwarenutzung ab.

© Springer Fachmedien Wiesbaden GmbH, ein Teil von Springer Nature 2023
S. Brassel, A. Gadatsch, *Softwarelizenzmanagement kompakt*, IT kompakt, https://doi.org/10.1007/978-3-658-39845-3_5

Als praxisnahe Unterstützung bei der Einführung eines Software Assetmanagement Ansatzes stellt der nachfolgende Abschnitt einen Leitfaden für ein entsprechendes Projekt zur Verfügung und arbeitet die notwendigen Aufgaben eines entsprechenden Ansatzes heraus.

Den Abschluss des Kapitels bildet die Beantwortung der Fragestellung, nach den erweiterten Ableitungen der aus der Nutzung eines Scan-Tools innerhalb eines Software Assetmanagement Projektes gewonnenen Daten.

5.1   Bereitstellungsmodelle und Nutzungsrechte an Software

Auf die Besonderheiten des immateriellen Wirtschaftsgutes Software wurde im Detail bereits ausführlich in Kap. 2 eingegangen. Das Urheberrecht kennt demnach das „Computerprogramm" bzw. „Programm" als ein Bündel aus Objekt- bzw. Source Code einschließlich der Schnittstellen. Software ist also eine Komposition aus Computerprogramm, Sprachwerken (Dokumentation) und ergänzenden Werken (Grafiken, GUI). Zusammenfassend wird daher vereinfachend von Software gesprochen (vgl. Brassel et al. 2015).

Durch die in Kap. 2 erläuterten Grundlagen der „Lizenzierung" von Software haben sich in der Praxis die bereits geschilderten vielfältigen Konzepte zur Bereitstellung von Software herauskristallisiert. Diese sind u. a. abhängig vom Niederlassungsort des Herstellers, des Sitzes des Verkäufers und verschiedenen Rechtsvorschriften. Unterscheiden lassen sich die verschiedenen Modelle nach den Beschaffungswegen, der Art der zulässigen Einsatzzwecke und der Art der Vergütung.

Verkaufsformen (Boxprodukte, Volumenlizenzen) und Nutzungsmodelle

Neben den klassischen, meist für den Einzelhandel konzipierten Boxprodukten mit häufig eingeschränkten Nutzungsrechten, wird Software für den Unternehmenseinsatz zumeist über sogenannte Volumenlizenzprogramme angeboten. Dabei erwirbt der Kunde die Software und erhält über den Lizenzvertrag (entweder direkt mit dem Hersteller oder über den sog. Channel) das Nutzungsrecht an einer bestimmten Anzahl an Kopien, ohne dass er einen physikalischen Datenträger erlangt (die Bereitstellung erfolgt hier in der Regel über ein entsprechendes Softwareportal des Herstellers, z. B. Volume Licensing Center ‚VLSC' der Firma Microsoft).

Dabei unterscheiden sich die unterschiedlichen Darreichungsformen von Software wie Original Equipment Manufacturer (OEM) Lizenzen, welche mit der Hardware erworben werden, klassische Einzelplatzlizenzen, welche in der Regel als Softwareboxen vermarktet wurden, sowie Volumenlizenzverträge, wobei den Kunden die erworbenen Kopien zumeist Datenträgerlos über ein Softwareportal zum Download angeboten werden sowie die zunehmend populäreren Mietverträge zumeist erheblich in den ihnen zugrunde liegenden Nutzungsrechten. Die Abb. 5.1 grenzt die einzelnen Optionen zum dauerhaften oder zeitlich befristeten Erwerb von Nutzungsrechten bzw. Public Cloud Services voneinander ab.

5.2 Risiken der Softwarenutzung

In der Praxis führen die in Kap. 2 beschrieben, unterschiedlichen Vertrags- und Lizenzierungsmodelle einzelner Softwareprodukte zu erheblichen Compliance- und damit auch finanziellen Risiken.

Hohe Risiken für die Unternehmensführung
Ein Unternehmen, welches Software ohne Richtlinien und Vorgaben nutzt – was gleichermaßen für Server, Clients und mobile Endgeräte gilt – läuft stets Gefahr, auch unverschuldet für von den Beschäftigten begangene Lizenzverstöße einstehen zu müssen (§ 99 Urheberrechtsgesetz). Eine Unternehmensleitung, die im Rahmen ihrer Verpflichtung zum Risikomanagement und Einführung eines internen Kontrollsystems (IKS, siehe § 91 Abs. 2 Aktiengesetz) die Softwarenutzung nicht hinreichend be-

Einfacher Lizenzerwerb

Abb. 5.1 Abgrenzung von Nutzungsmodellen

rücksichtigt, sieht sich einer persönlichen, zivil- und ggf. auch strafrechtlichen Verantwortlichkeit ausgesetzt.

Softwareboxen – sinkende Relevanz

Softwareboxen sind nach den Erfahrungen der Verfasser, ebenso wie die mit den Endgeräten ausgelieferte Lizenzen (z. B. Microsoft Office auf Tablets mit Windows RT), in den seltensten Fällen inventarisiert. Zudem ist meist unklar, wie viele Kopien der einzelnen Softwareprodukte im Unternehmen jeweils im Einsatz sind und welche Nutzungsrechte den jeweiligen Versionen zu Grunde liegen. Darüber hinaus unterscheiden sich die einzelnen

Boxprodukte der Hersteller teilweise erheblich in ihrem Nutzungsumfang. Allerdings ist festzustellen, dass Softwareboxen mit Datenträger zunehmend vom Markt verschwinden. Häufig enthalten die Verpackungen nur noch den Hinweis auf ein Softwareportal und den benötigten Lizenzschlüssel für den Download.

Praxisbeispiel „Adobe"

Die Firma *Adobe* regelte in der Vergangenheit die Berechtigung zur länderübergreifenden Nutzung ihrer Software durch den Lizenznehmer über die erworbene Sprachversion. Ein länderübergreifendes „pooling" der Lizenzen war somit für international agierende Konzerne und weltweit tätige Mittelständler nicht ohne weiteres möglich. Diese Option, räumt der Konzern nun als Reaktion auf den Markt bei seinen Abonnements ein (vgl. adobe 2019). ◄

Beliebige Vervielfältigungsoption

Die Option zur nahezu beliebigen Vervielfältigung einzelner Softwareprodukte führt in der Praxis dazu, dass benötigte Kopien nicht erst über die offiziellen im Unternehmen vorgeschriebenen Beschaffungswege bezogen, sondern direkt im Bedarfsfall von vorliegenden Medien installiert werden. Gestützt wird dieser Effekt im Umfeld der Volumenlizenzierung von den dort für gewöhnlich zum Einsatz kommenden Volumenschlüsseln und den ggf. für Abruf und Installation im Unternehmen bereitgestellten Warenkörben, die auf eine Lizenzprüfung oder Freigabe-Workflows verzichten. Hier lässt sich mit einem einzigen Schlüssel eine größere Anzahl an Kopien eines Softwareproduktes problemlos aktivieren.

Herausforderungen in der Praxis

Oft ist in der Praxis unklar, welche Volumenlizenzverträge eine sofortige Beschaffung zusätzlich eingesetzter Softwareprodukte erfordern und welche lediglich im Rahmen einer einmal im Jahr stattfinden Nachmeldung zu bedienen sind.

Hinzu kommt, dass zumeist weder bei Entscheidern noch den administrativen Mitarbeitern in den IT-Fachabteilungen, das jeweilige Wissen über die den einzelnen Softwareprodukten zugrunde liegenden Nutzungsrechte vorliegt. Dies gilt oftmals schon für alltägliche Produkte wie das Office Paket der Firma Microsoft. In den seltensten Fällen wird hier die zum Einsatz kommende Version im Abgleich mit der dem Unternehmen zugrunde liegende IT-Strategie beschafft, was im Zweifel zu teuren Fehllizenzierungen führen kann.

Gestützt wird diese Problematik durch den Umstand, dass weder die Hersteller der jeweiligen Softwareprodukte noch der Handel im Vorfeld ausreichend auf die Komplexität der der Software zugrunde liegenden Überlassungs- und Lizenzverträge hinweisen, sieht man einmal von den bei Installation erscheinenden – rechtlich zumeist unwirksamen – Produktnutzungsrechtsverträgen sowie den entsprechenden Weblinks ab. So unterscheidet der Softwarehersteller Microsoft beispielsweise zwischen hardwarebasierte Lizenzierung seiner Produkte und nutzerbezogenem Zugriff, zwischen Lizenzmobilität im Falle von virtualisierten Serverumgebungen und sogenannte „Roaming Use-Rights" bei Zugriffen auf Unternehmensinfrastruktur durch Mitarbeiter mit Unternehmensfremder Hardware (z. B. Zugriff vom Heim PC des Mitarbeiters), sowie Endgeräte abhängiger und unabhängiger Nutzung (um nur einige Beispiele zu nennen). Eine detaillierte Darstellung der Problematik findet sich in Kap. 3.

Partnermodelle im Vertrieb

Im Vertrieb ziehen sich die Lizenzgeber oftmals auf sogenannte Partnermodelle zurück, d. h. man verlagert die Beratung auf den Handel. Da Software Kaufentscheidungen jedoch oftmals im Schwerpunkt preisgetrieben und sich die Entscheider der zugrunde liegenden Problematik nicht bewusst sind, erfolgt in der Praxis zumeist keine umfassende Beratung in Abstimmung mit der zukünftigen IT-Strategie des Unternehmens, z. B. bei aktuellen Themen wie ‚Bring Your Own Device' (BYOD) oder ‚Corporate Owned Personally Enabled' (COPE). Außerdem mangelt es meist einer kontextsensitiven Installationsanalyse, um den tatsächlichen Ist-Bestand an verwendeten Softwareversionen im

Vorfeld einer Kaufentscheidung (Stichwort: Software Assetmanagement) festzustellen.

Audits

Das gesamte Ausmaß der Situation wird zumeist erst transparent, wenn die Hersteller im Rahmen von Audits (welche in aller Regel nicht durch den Hersteller direkt, sondern durch beauftragte Wirtschaftsprüfer durchgeführt werden), die vertragsgemäße Verwendung ihrer Software durch den Kunden überprüfen, oder diese schriftlich zu einer Selbstauskunft über ihr Softwarenutzungsverhalten auffordern. Zwar kennt das deutsche Recht keine gesetzliche Grundlage für anlassunabhängige Audits, sodass entsprechende Klauseln in Lizenzverträgen bei Anwendbarkeit des deutschen Rechts unwirksam wären, allerdings „flüchten" die Hersteller oft zulässigerweise unter ausländisches Recht, in Europa sehr gerne das Recht der Republik Irland. Dieses kennt eine dem deutschen Recht vergleichbare Kontrolle von AGB in B2B-Verträgen nicht, sodass auf diese Art und Weise wirksame und effektive Audit-Klauseln vereinbart und durchgesetzt werden können. Nicht selten kommen in der Folge solcher Audits auf die Kunden, hohe, nicht geplante Nachzahlungen für im Rahmen der Nutzungsbedingungen nicht richtig eingesetzte Software zu. Fehlt es an einem Lizenzmanagement im Unternehmen, sind etwaige Zuwiderhandlungen gegen die mit den Herstellern geschlossenen Verträge in der Regel schuldhaft begangen, mit der Folge, dass neben Unterlassungsansprüchen auch Schadensersatzansprüche für die rechtswidrige Nutzung in der Vergangenheit bei einer Unter- oder Falschlizenzierung möglich sind (§ 97 Abs. 1, Abs. 2 Urheberrechtsgesetz). Das ist insbesondere vor dem Hintergrund problematisch, dass hier ein Schaden aus der Vergangenheit ausgeglichen werden muss, die ggf. zusätzlich durch Nachzahlung angeschafften Lizenzen aber im Zweifel nicht die Anforderungen der zukünftigen IT-Strategie abdecken – womit letztlich neue Kosten auf das Unternehmen zukommen.

Großer Bewusstseinsmangel bei Entscheidern

Spätestens an dieser Stelle geht es nun um das bereits angesprochene Thema Risikomanagement bzw. Compliance. Oftmals ist den Entscheidern der eigentliche Wert der in ihrem Unternehmen eingesetzten Software nicht vollumfänglich bewusst, ebenso wie die hiermit verbundenen Risiken. Je nach Unternehmensgröße und Komplexität der eingesetzten Software, kann es hier schnell um hohe sechs- bzw. siebenstellige Werte gehen.

Due Diligence

Zudem spielt der Sachverhalt auch bei der Bewertung von Unternehmen eine gewichtige Rolle, z. B. im Rahmen von Veräußerungen. Teil einer jeden Due Diligence-Prüfung vor einem Unternehmenskauf ist eine IP (Intellectual Property) Due Diligence, mit welcher der Bestand an gewerblichen Schutzrechten – eigenen wie lizenzierten – und deren Wertigkeit geprüft und bewertet wird. Stellen sich hierbei erhebliche lizenzrechtliche Probleme des Zielunternehmens heraus, kann dies zu einem Risikoabschlag bezogen auf den Kaufpreis oder, wenn die betroffene Software den Unternehmenskern betrifft, auch zum Scheitern des Mergers führen.

Fazit

Zusammenfassend lässt sich sagen, dass aufgrund der Immaterialität des Gutes Software und der Unkenntnis der Kunden über die komplexen, der Softwarenutzung zugrunde liegenden Nutzungsrechte, das Thema in vielen Unternehmen nicht mit der notwendigen Sorgfalt behandelt wird.

Dass es sich bei Software nicht nur um ein Thema der unternehmensinternen Einkaufsabteilung, sondern um ein strategisches, beratungsintensives Thema des Controllings handelt, wird, wird den Verantwortlichen oftmals erst im Schadensfall bewusst. Denn der vermeintlich günstige Bezug von Softwareprodukten kann im Zweifel hohe Folgekosten nach sich ziehen (vgl. Brassel und Gadatsch 2018). Das wachsende Angebot der sogenannten Public Cloud Services fügt der Problematik einen weiteren Aspekt hinzu. Bis in die jüngste Zeit brachten Unternehmen Lizenzverträge kaum mit dem Begriff „Outsourcing" in Verbindung. Softwarebeschaffung und das eigentliche Kerngeschäft, wurden als getrennte Bereiche eingestuft und von verschiedenen Personen verantwortet. In der Regel erstellte die IT einen Anforderungskatalog auf dessen Basis Lizenzverträge mit den Herstellern verhandelt wurden, ggf. unter Einbeziehung von Partnern. Die Entscheider im Unternehmen hatten lediglich einen Fokus auf den finanziellen Aspekt. Aus technologischer Sicht spiegelten die Lizenzverträge zudem oftmals jene Anforderungen wider, welche die IT im Unternehmen als Wertbeitrag bzw. Servicedienstleistung anzubieten hatte. Die Diskussion erhält nun eine neue Qualität, denn Softwarehersteller verbinden zunehmend das Thema Lizenzierung mit der Bereitstellung von IT-Services als hybride Leistungsbündel (vgl. Clement und Schreiber 2016).

5.3 Anforderungsmanagement

Das in Kap. 2 aufgeführte Fallbeispiel der Denksportgruppe, zeigt darüber hinaus eine grundlegende Problematik aktueller Software Assetmanagement Ansätze auf. Neben den ‚klassischen' Fragestellungen der Compliance und deren Wechselwirkung zur IT-Strategie, gewinnen auch die in Kap. 4 beschriebenen Eigenschaften von Public Cloud Services und die Fragestellung bzgl. dem ‚Outsourcen' von Services in Verbindung mit datenschutzrechtlichen Fragestellungen zunehmend an Bedeutung (Stichwort DSVGO, https://dsgvo-gesetz.de). Als Beispiel hierfür lassen sich höhere Lizenzkosten bei extensiver Nutzung von Virtualisierungstechnologien anführen. Lag die Komplexität der Softwarelizenzierung in der Vergangenheit insbesondere in den Lizenznutzungsbedingungen der Lizenzgeber (vgl. Kap. 3), so verlagert sich diese zunehmend in die Wechselwirkungen zwischen unterschiedlichen Lizenzierungsmodellen und Serviceangeboten (vgl. Abb. 5.2).

Daraus ergeben sich vollkommen neue Anforderungen an das Thema ‚Software Assetmanagement'. Insbesondere stellt sich die Frage nach dem erweiterten Nutzen für Unternehmen der im Rahmen solcher Projekte erhobenen Daten. Die gewonnen Erkenntnisse durch den Einsatz von Analyse-Tools wie MAP (Microsoft Assessment and Planning, vgl. Microsoft 2019a), geben nicht nur

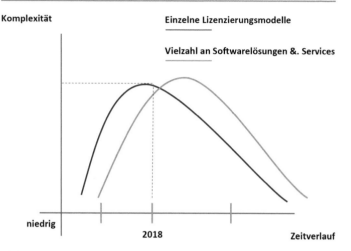

Abb. 5.2 Komplexität

umfassenden Aufschluss über die zum Einsatz kommende Software, sondern geben auch Einblick in Bezug auf IT-Sicherheitsrelevante Fragestellungen (wie Berechtigungsstrukturen im „Active Directory") oder die Nutzungsintensität sowie Lastspitzen in der eigenen Server-Infrastruktur. Durch erweiterte Audits lassen sich somit auch IT-Strategie relevante Aspekte erörtern, wie z. B. wirtschaftlich interessante Einsatzszenarien für Public Cloud-Dienste (z. B. Microsoft ‚Azure' oder Amazon ‚AWS'). Aus diesem Grund folgt der Darstellung eines ‚klassischen' IT-Software Assetmanagement Projektes eine erweiterte Betrachtung in Abschn. 5.5.3.

5.4   Synchronisation der Unternehmensweiten IT-Strategie sowie der Softwarenutzung

Da die IT in Unternehmen zunehmend weniger als Kostenfaktor denn als ‚Businessdriver' verstanden wird, erfordert eine Software/Public Cloud-Dienste und damit Software Assetmanagement-Strategie eine zunehmende Abstimmung der IT-Verantwortlichen im Unternehmen mit den Anforderungen der einzelnen Fachabteilungen. Hierbei geht es neben kaufmännischer Planung und der Vermeidung von Compliance Verstößen durch Unterlizenzierung sowie korrekter bilanzieller Abbildung möglicher Rechtsstreitigkeiten mit Lizenzgebern, insbesondere um die technologische Harmonisierung der Serviceangebote der IT-Abteilung, der Anforderungen von Fachabteilungen sowie der Bereitstellung von Diensten und Services, welche den eigentlichen Unternehmenszweck unterstützen (Stichwort ‚IoT'). Darüber hinaus werden viele Erweiterungen klassischer Angebote durch Unternehmen an ihre Kunden, überhaupt erst durch IT-Services möglich. Dies erfordert neben neuen Rollenbildern in den IT-Abteilungen wie dem Chief Digital Officer (CDO) insbesondere eine enge Abstimmung der IT mit der Unternehmensstrategie, sowie die dem Unternehmen zugrunde liegenden Geschäftsprozesse. Die Abb. 5.3 stellt den Zusammenhang schematisch dar.

Abb. 5.3 Unternehmensstrategie

Ein gut implementiertes und durch die Unternehmensführung unterstütztes Software Assetmanagement, kann zudem dazu beitragen, die für die neuen Anforderungen an die interne IT-Abteilung benötigten Mittel freizusetzen.

5.5   Referenzmodell eines typischen Projektablaufes

5.5.1   Konzeption eines Referenzmodells für das Software-Assetmanagement

Ausgangspunkt für die unternehmensinterne Auseinandersetzung mit Softwarenutzungsrechten und daraus resultierenden Compliance-Fragen können sowohl IT-Projekte wie Hardwareneubeschaffung, Serverkonsolidierung, Softwarebereitstellungsverfahren (Stichwort: Terminalserverdienste) und Outsourcing Projekte, eine Due Diligence vor einem Unternehmenskauf als auch externe Anfragen zur Selbstauskunft durch Softwarehersteller bzw. direkte Audit Durchführung sein. Dabei muss man in der Praxis zwischen von Unternehmen selbst initiierten Compliance Projekten oder durch externe Akteure (wie z. B. Lizenzgeber oder Interessenverbände wie die BSA (vgl. BSA 2018)) angestoßenen Projekten unterscheiden.

Kommt die Motivation sich mit dem Thema Compliance im Softwareumfeld auseinanderzusetzen aus dem Unternehmen selbst und gibt es hier keine dedizierten Spezialisten, welche sich mit dem Thema befassen (Stichwort: interner Software-Assetmanagement Verantwortlicher), empfiehlt es sich, auf externe Unterstützung zurückzugreifen.

Grundlagenworkshop als Basis für die Einführung
Am Anfang steht in der Regel ein sogenannter Grundlagenworkshop, in dem die IT-Strategie des Unternehmens sowie die Anforderungen der anderen Unternehmensteile an die Serviceleistungen der IT-Abteilung sowie die vorhandene Infrastruktur bzw. die Absicht aktueller Projekte durchgesprochen wird. Auch die grundlegende Haltung des Unternehmens zum Einsatz von

Public Cloud-Diensten sollte an dieser Stelle erörtert werden, da eine Vielzahl an Herstellern, wie z. B. Microsoft, einen klaren Schwerpunkt auf diese Angebote legen.

Es folgt ein dedizierter Software-Assetmanagement-Workshop mit der Zielsetzung, einen umfassenden Überblick über die zum Einsatz kommenden Lizenzen, (Public Cloud) Services sowie die im Unternehmen zugrunde liegenden Softwarenutzungsrechte zu erhalten. Dabei kann sowohl ein bereits existierendes Software Assetmanagement Tool zum Einsatz kommen, oder die Analyse erfolgt mit einem speziell für diesen Zweck vorgesehenen Programm. Auf Basis der gewonnenen Erkenntnisse kann dann im Anschluss in Abstimmungen mit den unternehmensinternen IT-Servicedienstanforderungen sowie der zugrunde liegenden IT-Strategie ein Lizenz- und ein Beschaffungskonzept aufgestellt werden.

Hier liegt auch der größte Unterschied zu extern angestoßenen Projekten, bei denen durch den Lizenzgeber (Softwarehersteller) zumeist eine klare Zeitlinie zur Selbstauskunft bzw. zur Durchführung eines externen Audits vorgeben wird. In der Praxis hat es sich dabei bewährt, sowohl Selbstauskünfte wie auch externe Audits nicht ohne einen entsprechend qualifizierten Dienstleister durchzuführen, da stets eine Informationssymmetrie zu Ungunsten des Kunden zwischen Lizenzgeber bzw. dem von diesem beauftragten Auditor und Kunden besteht (vgl. Kap. 4 ‚Lemons Problem'). Häufig können nach Meinung der Autoren externe Audits durch einen Wirtschaftsprüfer so ganz vermieden werden. In jedem Fall ermöglichen selbst initiierte Software-Assetmanagement Projekte, einen wesentlich strategischeren Ansatz als unter dem Druck einer externen Prüfung. Die Abb. 5.4 zeigt ein Referenzmodell für ein Software-Assetmanagement-Projekt.

Einen Sonderfall bilden dabei Outsourcing-Szenarien. Hier muss (am Beispiel der Lizenzrechtssituation der Firma Microsoft) zwischen sogenannten Beistellszenarien, in denen der Kunde dem Dienstleister die benötigten Lizenzen zur Verfügung stellt, oder Serviceprovider Lizenzierung im Falle einer mandantenfähigen Hostingplattform unterschieden werden (SPLA) (vgl. Microsoft 2019b).

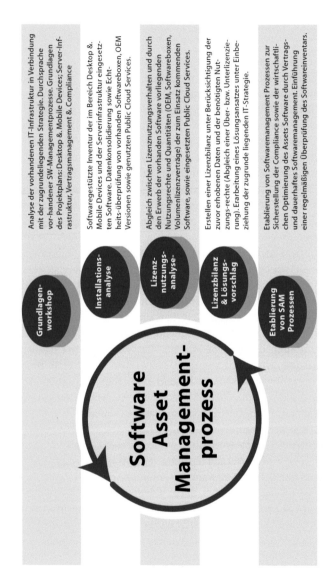

Abb. 5.4 Klassischer Software-Assetmanagement-Prozess (SAM-Prozess) als Referenzmodell

Ungeachtet dieser Unterscheidung ist letztlich der Kunde für die ordnungsgemäße Lizenzierung der für sein Unternehmen eingesetzten Software verantwortlich. Er ist derjenige, der die Software nutzt oder durch den Outsourcer für seine Zwecke nutzen lässt und zu diesem Zweck die entsprechenden Nutzungsrechte vom Softwarehersteller benötigt. Ob der Kunde bei einer Unterlizenzierung am Ende Rückgriff auf den Dienstleister nehmen kann, weil dieser gegebenenfalls ungeeignete oder zahlenmäßig unzureichende Lizenzen als Serviceprovider beigesteuert oder aber seine Beratungspflichten mit Blick auf die vom Kunden beizustellende Software verletzt hat, ist eine Frage des Innenverhältnisses zwischen Kunde und Dienstleister, welches die Haftung des Kunden im Außenverhältnis (§§ 97 ff. Urheberrechtsgesetz) zum Softwarehersteller unberührt lässt.

5.5.2   Aufgaben des klassischen Software-Assetmanagement

Die zentralen Aufgaben des Software-Assetmanagements lassen sich wie folgt zusammenfassen:

- Festlegung und Überwachung einheitlicher Prozesse für Beschaffung, Nutzung sowie interne Weitergabe von projektbezogen genutzter Software und (Public Cloud) Services zur Vermeidung von Unter-/Überlizenzierung
- Erfassung, Verwaltung und Überwachung der Beschaffungs- und Lizenzverträge, (Fristen und Konditionen) sowie ein Überblick über die zu Einsatz kommenden Public Cloud Services und deren Wechselwirkungen mit den durch das Unternehmen geschlossenen Verträgen gegenüber Dritten
- Erfassung des Lizenzbedarfs in unterschiedlichen Dimensionen, insbesondere nach den nutzenden Organisationseinheiten

und Personen, unterschiedlichen Softwarearten, Release-Ständen sowie -zeiträumen

- Erfassung und Nachweis vorhandener bzw. weiterverkaufter Softwarelizenzen (Lizenzinventar)
- Erfassung von technischen Voraussetzungen und Abhängigkeiten der zugehörigen Software und (Public Cloud) Diensten
- Zuordnung von Lizenzen zu Personen, Personengruppen und/oder Hardware
- Wertermittlung und Wertfortschreibung der Lizenzen (Zugänge, Abschreibungen, Umbuchungen, Abgänge)
- Verwertung und Weiterverkauf von klassischen Lizenzen, z. B. Box-Produkten (soweit rechtlich zulässig)
- Klärung juristischer Detailfragen in Zusammenarbeit mit der Rechtsabteilung bzw. externen Juristen, insb. beim Rechteübergang (vgl. Brassel und Gadatsch 2017)
- Verwaltung sowie Anlage von Softwarepools, um vorhandene Kopien erworbener Programme im Rahmen der zugrunde liegenden Nutzungsrechte optimal auszunutzen (Neuzuweisung freier Softwareversionen nach Projektabschlüssen bzw. verschieben von Kopien über Ländergrenzen hinweg), um Überlizenzierung und unnötige Neukäufe zu vermeiden

5.5.3 Erweiterte Ableitungen aus dem Software Assetmanagement

Mit der in den letzten Jahren, insbesondere von den Unternehmen Microsoft und Adobe vorangetriebenen, Abkehr von klassischen Lizenzierungsansätzen (dauerhafter Erwerb von Nutzungsrechten, Trennung von Software und Wartung, sowie Unterscheidung von Software und Services) hin zu Abonnement gebundenen Servicemodellen (Office 365, Creative

Cloud) änderten sich auch die Anforderungen an das klassi-sche Software Assetmanagement.

Wie bereits in Abschn. 5.3 erläutert, lag in der Vergangenheit die hauptsächliche Komplexität innerhalb einzelner Lizenz-modelle der Rechteinhaber. Hier ist jedoch im Zuge der Service-modelle im Umfeld der Endanwenderprodukte eine gewisse Ver-einfachung festzustellen (vgl. Abschn. 3.3). Dementgegen steht die bereits erwähnte Komplexität welche durch die Wechsel-wirkungen unterschiedlicher Software und Serviceangebote ent-steht. Hinzukommen sicherheitsrelevante Fragestellungen beim Einsatz von Public Cloud Services, sowie Fragestellungen nach der Durchsetzbarkeit von SLAs. Auch geht es um den ziel-gerichteten Nutzen der umfassenden Sicht der aus einem Soft-ware Assetmanagement Projekt erzeugten Daten in Bezug auf Nutzungsszenarien und die Auslastung einzelner Rechenzentrums-ressourcen.

Abschließend bleibt die Überlegung einer neuen Dimension für das Assetmanagement, bei der es nicht nur um die Verwaltung unterschiedlicher Softwareprodukte mit jeweils unterschiedlichen Nutzungsszenarien geht, sondern zusätzlich um die Verwaltung und kaufmännische Verrechnung (vgl. Kap. 2) der in einem Unter-nehmen zum Einsatz kommenden Public Cloud Services.

Aus diesen Anforderungen ergibt sich ein erweiterter Blick auf das Software Assetmanagement, welcher die Dringlichkeit einer durch die Unternehmensleitung unterstützten Implementierung einer dauerhaften Lösung noch einmal unterstreicht. Die Abb. 5.5 gibt einen Überblick über einen erweiterten Software Assetma-nagement Ansatz.

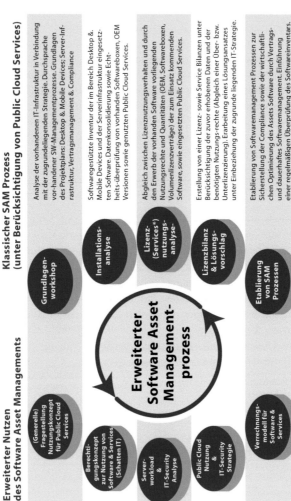

**Erweiterter Nutzen
des Software Asset Managements**

**Klassischer SAM Prozess
(unter Berücksichtigung von Public Cloud Services)**

**Grundlagen-
workshop**

**Installations-
analyse**

Analyse der vorhandenen IT-Infrastruktur in Verbindung mit der zugrundeliegenden Strategie. Durchsprache vor-handener SW-Managementprozesse. Grundlagen des Projektplans: Desktop &. Mobile Devices; Server-Inf-rastruktur, Vertragsmanagement & Compliance

**Lizenz-
(Services*)
nutzungs-
analyse**

Softwaregestützte Inventur der im Bereich Desktop &. Mobile Devices und der Serverinfrastruktur eingesetz-ten Software. Datenkonsolidierung sowie Echt-heits-überprüfung von vorhanden Softwareboxen, OEM Versionen sowie genutzten Public Cloud Services.

**Lizenzbilanz
& Lösungs-
vorschlag**

Abgleich zwischen Lizenznutzungsverhalten und durch den Erwerb der vorhanden Software vorliegenden Nutzungsrechte und Quantitäten (OEM, Softwareboxen, Volumenlizenzverträge) der zum Einsatz kommenden Software, sowie eingesetzten Public Cloud Services.

**Etablierung
von SAM
Prozessen**

Erstellung von einer Lizenz- sowie Service Bilanzen unter Berücksichtigung der zuvor erhobenen Daten und der benötigten Nutzungs-rechte (Abgleich einer Über- bzw. Unterlizenzierung). Erarbeitung eines Lösungsansatzes unter Einbeziehung der zugrunde liegenden IT-Strategie.

Etablierung von Softwaremanagement Prozessen zur Sicherstellung der Compliance sowie der wirtschaftli-chen Optimierung des Assets Software durch Vertrags- und dauerhaftes Softwaremanagement. Einführung einer regelmäßigen Überprüfung des Softwareinventars.

*In diesem Zusammenhang sind unter Services ,Public Cloud Dienste' zu verstehen.

**(Generelle)
Fragestellung
Nutzungskonzept
für Public Cloud
Services**

**Berechti-
gungskonzept
zur Nutzung von
Software & Services
(Schatten IT)**

**Server-
workload
&
IT-Security
Analyse**

**Public Cloud
Nutzung
&
IT-Security
Strategie**

**Verrechnungs-
modell für
Software &
Services**

**Erweiterter
Software Asset
Management-
prozess**

Abb. 5.5 Erweiterter Software-Assetmanagementprozess

Literatur

adobe (Hrsg.) (2019) Creative Cloud, https://www.adobe.com/de/creativec-loud/membership.html, Abruf am 13.03.2019

Brassel, S.; Gadatsch, A. (2018): IT-Management in turbulenten Zeiten: Vom IT-Leiter über den CIO zum CDO, in: Gadatsch, A.; Ihne H.; Monhemius, J.; Schreiber, D. (Hrsg.): Nachhaltiges Wirtschaften im digitalen Zeit-alter - Innovation - Steuerung - Compliance, Wiesbaden, 2018, S. 121–134

Brassel, S.; Gadatsch, A. (2017): Softwarenutzung im Umbruch: Von der Softwarelizenz zum Cloudbasierten Business Process Outsourcing, HMD Praxis der Wirtschaftsinformatik, 2017, 54(1), 156–164, https://doi.org/10.1365/s40702-016-0279-9

Brassel, S.; Gadatsch, A. (2016): Neues Lizenzmanagement, in: TREND-REPORT, 2016, Heft 3, Seite 13 (Abstract unter http://trendreport.de/digital-lesen/2016-03/#p=12 und Interview unter http://trendreport.de/lizenzmanagement), 26.10.2016

Brassel, S.; Gadatsch, A.; Kremer, S. (2015): Lizenz-Controlling für Soft-ware, Wirksames IT-Kostenmanagement durch effizientes Software-Assetmanagement, in: Controller Magazin, Juli / August, 2015, Ausgabe 4, S. 68–72

BSA (Hrsg.) (2018): Unternehmenswebseite, https://www.bsa.org/?sc_lang=de-DE, Abruf am 17.01.2019

Clement, R.; Schreiber, R. (2016): Internet-Ökonomie, Wiesbaden

Microsoft (Hrsg.) (2019a): New Surface Pro 6, https://www.microsoft.com/en-us/download/details.aspx?id=7826, Abruf am 17.01.2019

Microsoft (Hrsg.) (2019b): Lizenzprogramme für Serviceprovider, https://www.microsoft.com/de-de/Licensing/lizenzprogramme/spla.aspx, Abruf am 17.01.2019

Implementierung von Public Cloud Services

6

Zusammenfassung

Der Abschnitt beschreibt die notwendigen Schritte zur projekt-
orientierten Einführung von Public Cloud Services in Unternehmen. Er thematisiert grundlegende von Entscheidern zu be-
trachtende Fragestellungen und mögliche Szenarien für die Praxis. Neben verschiedenen Best Practices werden spezielle Aspekte
wie „Cloud Native" versus „Customized Services" behandelt.

Hinweis: Die Ausführungen in diesem Abschnitt basieren
auf einem Beitrag, der von beiden Autoren vorab in der Fach-
zeitschrift HMD veröffentlicht wurden (vgl. Brassel und Gadatsch 2020).

6.1 Vorgehensmodell

Für die Einführung von Cloud-Services ist ein Vorgehensmodell
erforderlich, welches aus mehreren Schritten bestehen sollte: Voruntersuchung, Bedarfsanalyse und Identifikation der Auswirkungen (vgl. Tab. 6.1 sowie den Beitrag von Brassel und Gadatsch 2020). Erst im Nachgang kann eine Umsetzung erfolgen.

Nach einer Voruntersuchung sollten die Handlungsoptionen
feststehen. Für jede relevante Option kann anschließend eine Bedarfsanalyse für die notwendigen Aufwendungen vorgenommen
werden. Abschließend sind die Auswirkungen der Alternativen

Tab. 6.1 Vorgehensmodell für die Einführung von Public Cloud Services

Phase	Aufgaben	Ergebnis
Voruntersuchung	Begleiteter Workshop über verschiedene Stufe zur Identifikation von Mehrwerten durch Cloud-Services unter Einbindung der IT und Anwender Schwerpunkt liegt nicht auf technischer Machbarkeit, sondern der Fragestellung der optimalen Unterstützung vorliegender Geschäftsprozesse.	Mögliche Sourcing-Optionen
Bedarfsanalyse	Analyse und Aufbereitung personeller und materieller Aufwände (Beratungsleistungen, Vorgehen der Implementierung, notwendige Hardware und Software, geeignete Public Cloud Services)	Individuelles Lösungsszenario
Identifikation der Auswirkungen	Analyse der Auswirkungen auf den laufenden IT-Betrieb (z. B. Wegfall von Applikationen, Änderung der IT-Prozesse, materielle Aufwände wie IT-Beratungsleitungen sowie Hard- und Software) und die Veränderungen in den Prozessen aus Sicht der IT-Anwender. Erstellung einer realistischen Zeit- und Projektplanung.	Projektplan für die Implementierung

Quelle: Brassel und Gadatsch 2020 (modifiziert)

auf das Prozessumfeld zu identifizieren um hieraus eine Planung zu erstellen.

Motive zur Nutzung von Public Cloud Services

Vor Beginn eines Cloud-Projektes gilt es die ‚Motivation' eines Unternehmens zur Nutzung von Public Cloud Services zu hinterfragen. Stehen hierbei vermutete Kostensenkungsargumente im Vordergrund, technische Innovationen, oder generelle Infrastrukturbedingte Erneuerungszwänge? Es ist an dieser Stelle von entscheidender Bedeutung herauszuarbeiten, mit welcher Erwartungshaltung das Projekt angestoßen wurde.

Zudem gilt es zu hinterfragen, ob das Projekt für sich allein-steht, oder in einem größeren Zusammenhang zu sehen ist (z. B. Anforderungen, welche sich aus der Unternehmenstätigkeit ergeben, etc.). Auf dieser Basis erfolgt eine erste, grundlegende Einschätzung der Situation um ‚Wunsch und Wirklichkeit' bei den Entscheidern zusammenzuführen.

6.2 Grundlegende Fragestellungen

Ehe man sich im Detail mit einzelnen Diensten und/oder Services auseinandersetzen kann, gilt es das Umfeld des Unternehmens zu betrachten um hieraus resultierende Einflussfaktoren zu identi-fizieren. Dazu zählt u. a. die Fragestellung, ob das Unternehmen in einem Bereich tätig ist, für den spezielle Regelungen (insb. Einschränkungen) der Datennutzung (insb. Personenbezogene Daten) vorliegen. Dies gilt zum Beispiel für Banken oder Rechts-anwälte. Darüber hinaus stellt sich die Frage nach dem Einfluss existierender, übergreifender Zertifizierungen wie z. B. ISO 27001 (vgl. BSI 2021a). Auch gilt es zu prüfen, ob Verträge zwi-schen dem Unternehmen und dritten Parteien Vereinbarungen ent-halten, welche Einfluss auf die Handhabung unternehmens-interner Daten und Informationen nehmen.

Ist in dem Unternehmen ein Betriebsrat vorhanden, gilt es die-sen aufgrund der Spezifika von Public Cloud Diensten in Bezug auf gegebene Analysefunktionen der dedizierten Verwendung, bzw. die Handhabung von Mitarbeiterdaten grundsätzlich mit ein-zubinden. Beispielhaft sei hierzu auf den Dienst ‚Analytics' (vgl. Microsoft 2021a) des Microsoft Services ‚Microsoft 365 (vgl. Microsoft 2021b)' hingewiesen. Im Rahmen dieses Angebotes, werden dem Nutzer von Microsoft 365 Daten über sein Nutzungs-verhalten bzw. seine Aktivitäten im Rahmen der Nutzung des Ser-vices zur Verfügung gestellt.

Problematisch ist hierbei ungeachtet der Frage nach der Ver-einbarkeit einer solchen Funktion mit datenschutzrechtlichen Grundsätzen (Stichwort DSVGO, vgl. Bundesministerium für Wirtschaft und Energie 2021), dass die genannte Funktion von Microsoft automatisch aktiviert werden kann (vgl. Schultzki-Haddouti 2020).

Vielmehr jedoch bedarf ein derartiger Umgang mit Personen-bezogenen Daten einer ausführlichen unternehmensinternen Diskussion unter Einbeziehung der betroffenen bzw. verantwortlichen Personengruppen und daraus folgend ggf. eine entsprechende Betriebsvereinbarung, auch mit Blick auf eine datenschutzrechtliche Würdigung. Diese Betriebsvereinbarung sollte u. a. den Schwerpunkt legen auf wesentlich weitreichendere (personenbezogene) Datenanalysedienste von Microsoft, welche im Rahmen der Services von Microsoft 365 mit klarem Fokus auf die Unternehmensleitung zur Verfügung gestellt werden, wie z. B. ‚Microsoft Workplace Analytics' (vgl. Microsoft 2021c).

6.3   Identifizierung von Einsatzszenarien

Am Anfang der Fragestellung ob und mit welcher Zielsetzung und Form Public Cloud Services in einem Unternehmen eingesetzt werden sollen, müssen sich die Verantwortlichen mit deren grundlegenden Eigenschaften auseinanderzusetzen. Diese betrifft nicht nur die Personen in der IT, sondern auch in den Geschäftsbereichen.

Stand bisher die im Sinne der zur Anwendung kommenden Nutzungsregelungen des jeweiligen Softwareanbieters ‚Lizenzierung' im Mittelpunkt, sowie der sich anschließende Betrieb und Nutzung der Software, so ändern sich die Geschäftsmodelle der Lizenzgeber im Zuge von Public Cloud Services grundlegend.

Softwareanbieter bieten nicht nur den externen Betrieb der Software an (klassisches Outsourcing), sondern auch weitere Services und Prozesse. Damit bewegt sich der Standardsoftwaremarkt in Richtung ‚Business Process Outsourcing'. Der Kunde bezieht Services, welche die Nutzung von Hardware, Software sowie Dienstleistungen umfassen. Die ‚klassische' Lizenzierung spielt nur noch eine untergeordnete Rolle (Brassel und Gadatsch 2020, S. 59–60).

Vereinfachend lässt sich sagen: Bei der Nutzung von Public Cloud Services handelt es sich im Kern um ein Outsourcing von IT-Diensten, zu standardisierten nicht anpassbaren Vertragskonditionen.

Besonders wichtig ist es hierbei, die Zielsetzung der Entscheider zu hinterfragen. Wie zuvor dargelegt, sind Kosteneinsparungen im ersten Schritt nur schwer zu realisieren. Modernisierungsnotwendigkeiten in Bezug auf die unternehmensinterne IT-Infrastruktur, flexible Nutzung von Rechenzentrumsleistungen oder die Strategie von Standardsoftwareherstellern in Bezug auf die von Unternehmen eingesetzte Software eben dieser (z. B. Office von Microsoft), sind valide Ansatzpunkte für den möglichen Einsatz von Public Cloud Services.

Auch die Anforderungen der betroffenen Fachabteilungen sind zu berücksichtigen. In diesem Kontext ist es besonders wichtig, die Nutzeranforderungen am Nutzen der jeweils unterstützten Prozesse mit Blick auf die Wertschöpfungskette des Unternehmens zu spiegeln.

Einen guten ‚Einstieg‘ in das Thema bietet sich dabei im Bereich der sogenannten „Büroprozesse" (z. B. Online-Meetings durchführen, Nachrichten versenden, Texte, Kalkulationen und Präsentationen erstellen). Viele Unternehmen setzen hier traditionell auf die Produkte der Firma Microsoft. Da die Firma Microsoft einen klaren Fokus auf ‚Public Cloud Services‘ setzt, eignet sich dieses Umfeld besonders gut. um erste Erfahrungen mit dem zielgerichteten Einsatz sowie potenziellen Fallstricken von Online-Services in einem Unternehmen zu sammeln.

6.4   Best Practice: Festlegung von Teilprojekten

Software Asset Management als Basis für die Nutzung von Public Cloud Services

Die Nutzung von Public Cloud Services ist eng verbunden mit der Frage, ob das Unternehmen über ein funktionierendes Software Asset Managementsystem verfügt. Dabei steht mit Blick auf den Einsatz von Public Cloud Services im ersten Schritt weniger die Compliance Überlegung im Vordergrund (vgl. Brassel et al. 2015), sondern eher die Frage nach der sich aktuell im Einsatz

befindlichen Softwareinfrastruktur und den sich daraus ergebenden benötigten Lizenzen bzw. Diensten.

Sollte das Unternehmen über kein leistungsfähiges Software
Asset Management System verfügen, so empfiehlt sich im ersten
Schritt ein entsprechendes Projekt für die Einführung eines solchen Systems aufzusetzen. Die Ergebnisse des Projektes liefern
hierbei die Basis und wichtige Erkenntnisse über die Anforderungen an die Nutzung von Public Cloud Services. Darüber
hinaus stellt das Projekt eine gute Ausgangsposition für die Einführung eines entsprechenden IT-Managementsystems dar.

Synergien von Public Cloud Services
Darüber hinaus lassen sich auf Basis der Ergebnisse eines entsprechenden Software Asset-Management-Projektes auch erweiterte Kenntnisse in Bezug auf die Nutzung potenzieller Public Cloud Dienste, bzw. deren Kosten gewinnen. Ein Beispiel
hierfür ist der sogenannte ‚Azure Hybrid Vorteil' für Windows
Server (vgl. Microsoft 2021d). Windows Server-Lizenzen welche
über aktive Software Assurance verfügen, bieten hierbei die
Möglichkeit günstigere virtuelle Instanzen von Windows Server
auf Azure bereitzustellen. Dabei kann jede Lizenz für zwei Pro-
zessoren oder jedes Bundle an mit je 16 Kernen für zwei Instanzen mit bis zu acht Kernen oder für eine Instanz mit bis zu 16 Kernen eingesetzt werden. Der Azure-Hybridvorteil für Windows
Server Standard Lizenzen kann dabei nur einmalig entweder lokal
oder in Azure verwendet werden. Windows Server Datacenter erlaubt die gleichzeitige Nutzung sowohl lokal als auch in Azure
(vgl. Microsoft 2021e).

Der lückenlose Überblick über die aktuell genutzten physikalischen bzw. virtuellen Windows Serverinstanzen, inklusive der
entsprechenden Lizenzierung, bringt somit zusätzliche Transparenz in Bezug auf die Kosten des Einsatzes unterschiedlicher
Cloudplattformen bzw. der entsprechend notwendigen Lizenzierung für die Nutzung virtueller Serverinstanzen.

Büroprozesse als typisches „Einstiegsprojekt" für Public Cloud Services

Stehen bei einem erstem ‚Public Cloud' Projekt wie oben empfohlen die sog. Büroprozesse im Vordergrund und damit in aller Regel technologisch die Produkte sowie Dienste des Herstellers Microsoft, gilt es das ‚Active Directory' (AD) des Unternehmens mit Blick auf die strukturelle Einsetzbarkeit von Public Cloud Services wie Office 365 zu überprüfen. Dabei geht es nicht nur um die Fragestellung ob Aufbau und Struktur den Anforderungen der Microsoft Onlinedienste genügen (vgl. Microsoft 2020a), sondern insbesondere auch um die Frage zukünftig gewünschter Funktionen wie ‚Single Sign On' (vgl. Microsoft 2019a) oder Identitätsmanagement (vgl. Microsoft 2021f) (als Basis für Passwortrücksetzdienste, Multifaktor-authentifizierung, …). Im Zweifel beginnt das Projekt somit mit der Neugestaltung sowie dem Neuaufbau des Verzeichnisdienstes.

Im Zuge des Blickes auf das ‚Active Directory' ist es notwendig, die zum Einsatz kommende IT-Infrastruktur auf mögliche technische ‚Sackgassen' zu überprüfen. Beispielsweise aufgeführt seien hier Inkompatibilitäten von älteren Office Versionen (wie z. B. die Version Office 2013) sowie von Drittanbieterapplikationen mit Office 365 (vgl. Microsoft 2021g). Ebenso ergeben sich durch technische Erwägung wie beispielsweise den Einsatz von Terminalservertechnologie, Einschränkungen bei potenziell nutzbaren Diensten wie in diesem Fall die nicht Nutzbarkeit von Office 365 Business Produkten (vgl. Microsoft 2021h). Erwähnenswert erscheint an dieser Stelle, dass diese Überlegungen auch in die Zukunft gerichtet von Bedeutung sind. Der Einsatz von Public Cloud Diensten kann zukünftige technologische Entscheidungen von Unternehmen beeinflussen, wenn bestimmte Technologien der Strategie von Anbietern wie Microsoft entgegenlaufen und somit nicht unterstützt werden.

Ergänzende Fragestellungen

Zudem ergeben sich ergänzende technische Fragestellungen welche in diesem Zusammenhang nicht unerwähnt bleiben sollten und hier ohne Anspruch auf Vollständigkeit aufgeführt sind.

1. Welches Desktop-Betriebssystem kommt im Unternehmen zu Einsatz? Befindet sich trotz des Support-Endes am 14. Januar 2020 immer noch Windows 7 im Einsatz (vgl. hierzu ausführlich Microsoft 2021i)? Befindet sich Windows 10 im Einsatz? Wenn ja, in welcher Edition? Wurde die Version mit Blick auf die Anforderung bzgl. dem Unternehmensumgang mit Telemetrie Daten abgestimmt (vgl. Microsoft 2021i)? Existiert eine Strategie bzw. ein Testumfeld für den Umgang mit den sogenannte ‚Annual Channels' (Updatezyklen) von Windows 10 (vgl. Microsoft 2021k). Im Zweifel ergibt sich somit ein eigenes Teilprojekt in Bezug auf das im Unternehmen zum Einsatz kommende Desktop Betriebssystem.

2. Ableitend ergibt sich eine eher grundsätzliche Fragestellung nach der zukünftigen Endgerätestrategie. Sollen die Geräte gemietet oder gekauft werden (Miete verursacht laufende Aufwendungen = Opex, Kauf verursacht Investitionen = Capex) oder soll eher eine virtuelle Desktopinfrastruktur genutzt werden, wo dies möglich ist.

3. Bei Einsatz von Terminalserverdiensten muss die zukünftige Ausrichtung der Technologie geklärt werden. In diesem Zusammenhang stellt sich nicht nur die Frage nach einem (mit Blick auf das Thema ‚Compliance') entsprechenden Berechtigungskonzept, sondern auch auf zukünftig potenzielle Einschränkungen in Bezug auf den Einsatz der Technologie in Verbindung mit Produkten und Services von Microsoft (vgl. Microsoft 2021l).

4. Grundlegend gilt (was in der Praxis jedoch immer wieder unbeachtet bleibt), bei der Nutzung von ‚Public Cloud-Diensten', ist die Unternehmensinterne Netzwerkinfrastruktur bzw. deren Anbindung nach ‚außen' von entscheidender Bedeutung. Darum ist es notwendig, die vorhandene Netzwerkinfrastruktur im Vorfeld an den geplanten ‚Services' zu spiegeln und von einem entsprechenden Experten bewerten zu lassen, ob die angenommene ‚Performance' erreicht wird, bzw. alle Dienste wie vermutet genutzt werden können. Sollte dies nicht der Fall sein, gilt es ggf. ein dann notwendiges Netzwerkinfrastrukturprojekt, kaufmännisch sowie technisch zu bewerten.

Auf diesen Punkt weist Microsoft beispielsweise selbst, im Rahmen seiner Supportdokumente hin (vgl. Microsoft 2020b).

5. Eher begleitend taucht im Rahmen der unternehmensinternen Diskussion über den potenziellen Einsatz von Public Cloud Services im Rahmen einer möglichen Migration des genutzten Emaildienstes, die Frage nach der in Deutschland gesetzlich verankerten Verpflichtung in Bezug auf die revisionssichere Archivierung von Emails auf (vgl. hierzu das Schreiben des Bundesministerium der Finanzen 2019). Wird diese bereits aktuell umgesetzt? Wenn ja, ist die verwendete Lösung zu potenziellen Public Cloud Lösungen kompatibel? Wie ist die Vorgabe, im Rahmen potenzieller Services wie z. B. Exchange Online umsetzbar, wenn überhaupt? (vgl. z. B. die Frage der revisionssichereren Archivierung in Microsoft 2021n).

6. Um die Nutzung von Public Cloud Services umfassend bewerten zu können, ist es ebenfalls notwendig, sich mit einer entsprechenden ‚BackUp-Strategie' und den daraus resultierenden Kosten durch notwendige Drittsoftware wie z. B. von ‚Veeam' (vgl. Veeam 2021) oder ‚Veritas' (vgl. Veritas 2021) bzw. den anfallenden ‚Storage' Kosten auseinanderzusetzen. Denn Public Cloud Dienste garantieren weder automatisch die Einhaltung gesetzlicher Vorgaben (vgl. Microsoft Branchenblogs 2019), noch schützen sie generell vor Datenverlust (vgl. Microsoft 2021n). Beispielhaft sei dies am Produkt Microsoft Office 365 erläutert. In dem Tenant (vgl. Microsoft Power BI blog 2015) lassen sich durchaus Aufbewahrungsrichtlinien (vgl. Microsoft 2021o) konfigurieren. Das funktioniert u. a. für Exchange Online, Teams, Share Point Online usw. Dies führt dazu das Daten bei Verlust (z. B. durch Löschung) für Administrator und Nutzer nicht sichtbar für einen bestimmten Zeitraum aufbewahrt werden. Falls notwendig kann ein Administrator mit entsprechender Berechtigung im Bedarfsfall nach ‚verlorenen Inhalten' Suchen. Dies erfordert jedoch eine manuelle Definition der entsprechenden Suchparameter. Zudem es nicht möglich ist, einzelne Versionsstände von Dokumenten zurückzusetzen oder die Daten automatisch an einen bestimmten Zielort (z. B. Posteingang) zurückzusetzen. Werden Nutzer aus der Aufbewahrungsrichtlinie entfernt, wer-

einmal die Notwendigkeit einer umfassenden Bedarfsanalyse der zur unternehmerischen Wertschöpfung benötigten ‚Public-Cloud-Ressourcen'. Besonders wichtig dabei sich immer wieder vor Augen zu führen, dass es sich bei ‚Public Cloud Services' um standardisierte Dienste zu feststehenden Vertragsbedingungen (z. B. bei Microsoft die s.g. ‚Onlineterms' vgl. Microsoft 2021q) handelt. Diesen Angeboten liegen somit zumeist klare Leistungs-abgrenzungen bzw. Leistungsausschlüsse zu Grunde.

Somit sollte neben der Frage nach dem ‚potentiellen' Nutzen im Rahmen der Wertschöpfungskette eines Unternehmens ins-besondere ein Abgleich der notwendigen Anforderungen mit dem durch den Anbieter definierten Einschränkungen vorgenommen werden. Beispielhaft seien hier zwei Dienste von Microsoft auf-geführt. So gibt der Anbieter zu seinem Service ‚Exchange On-line' einen umfassenden Einblick in die Grenzen bzw. An-forderungen des Dienstes, so u. a. auch eine Obergrenze für ein-gehende- bzw. ausgehenden Emailverkehr (vgl. Microsoft 2021r). Wichtig hierbei ist, dass dies auch den Mailverkehr mit ein-bezieht, welcher beispielsweise automatisch von Maschinen als ‚Statusmeldung' versendet wird. Es ist somit zwingend not-wendig, die Anforderungen an das Mailsystem umfassend und nicht nur mit Blick auf klassische Emailkommunikation von Mit-arbeitern zu bewerten.

Der Service „Microsoft Teams" (vgl. Microsoft 2021s) stellt Unternehmen eine umfassende Plattform in den Bereichen ‚Zu-sammenarbeit' bzw. ‚Kommunikation' zur Verfügung. Ein genau-erer Blick lohnt jedoch auch hier in Bezug auf Risikominimierung. Speziell für die Verwendung von Microsoft Teams in einem Unternehmen empfiehlt sich die Erarbeitung einer unternehmens-internen Nutzungsrichtlinie.

‚Als Beispiel sei hier der entsprechende ‚Subdienst' von Teams ‚Microsoft Planner' genannt' (vgl. Microsoft 2021t). Dieser be-inhaltet aktuell keine BackUp-Funktion. Auch lassen sich die Projektunterlagen nicht exportieren (vgl. Microsoft 2019b). Die produktive Nutzung im Unternehmen, beispielsweise im Rahmen von Kundenprojekten, könnte somit durchaus zu hinterfragen sein.

6.6   Analyse von Serverworkloads zur potenziellen Migration

Mit Blick auf die Serverinfrastruktur des Unternehmens gilt es sich zuerst mit der Fragestellung auseinanderzusetzen, welche ‚Workloads' mit Blick auf: Datenschutz, Verfügbarkeit bzw. Auswirkungen auf geschäftskritische Prozesse, für einen Betrieb in der Public Cloud in Frage kommen. Im Anschluss an diese Überlegung gilt es den potenziellen Nutzen wie z. B. Skalierbarkeit oder Flexibilität, gegen die tatsächlichen Kosten der Nutzung abzuwägen.

Einen ersten Eindruck bzgl. der Nutzungskosten bietet hier z. B. der von Microsoft angebotene ‚Azure-Preisrechner' (vgl. Azure Microsoft 2021), der von Amazon angebotene ‚AWS-Preisrechner' (vgl. Amazon 2021a) oder der äquivalente Preisrechner des Anbieters IBM (vgl. IBM 2021).

In jedem Fall handelt es sich hierbei stets um Schätzungen. Wichtig für eine realistische Einordnung zukünftiger Kosten ist die Unterstützung durch erfahrene Consultants, welche die angedachten ‚Workloads' entsprechend bewerten können. Oftmals wird ein wichtiger Punkt übersehen: Abseits reservierter und damit für einen bestimmten Zeitraum fixierter Instanzen, können Anbieter von Cloud Services, ihrer Preispolitik zu jedem Zeitpunkt ändern.

Dienste wie die erwähnte ‚Reservierung' (vgl. Amazon 2021b) von Rechenleistung versprechen auf den ersten Blick eine Kostenersparnis, die Flexibilität der ‚Public Cloud Dienste' geht jedoch dabei ein Stückweit verloren – was lokale Serverhardware, je nach Szenario- durchaus wieder attraktiv werden lässt. Zudem plattformunabhängige Applikationen (vgl. Abschn. 6.7) einen ‚Cloud-Broker' Ansatz ermöglichen, durch den Rechenleistung bei unterschiedlichen Anbietern zum tagesaktuell günstigsten Preis zugekauft werden kann.

Auch erscheint es insbesondere mit Blick auf das zukünftige Kostenmanagement der Serverdienste geraten, sich im Vorfeld über entsprechende Tools bzw. Ansätze Gedanken zu machen, welche hierbei Transparenz schaffen.

Beispielhaft sei hier der ‚CISCO Workload Optimization Manager' (vgl. Cisco 2021) (CWOM) aufgeführt. Derartige Tools können dabei unterstützen, Transparenz (aus Sicht des Kostenmanagements) zwischen der Nutzung lokaler sowie Public Cloud basierter Serverinfrastruktur zu schaffen. In jedem Fall empfiehlt sich eine umfassende Planung sowie die Erarbeitung von Richtlinien innerhalb des Unternehmens um die Kosten für die Nutzung von (P-Cloud) Serverdiensten klar auf Abteilungs-, Projekt oder Kundenebene verrechnen zu können.

6.7 Cloud native VS customized Services

Wie bereits erläutert, bietet es sich an erste Erfahrungen mit Public Cloud Services im Rahmen der Nutzung von Standardangeboten wie Microsoft Office 365 zu sammeln. Grundlegende Fragen zum Thema Datenintegrität bzw. Datenschutz, technische Voraussetzungen bzw. Einschränkungen sowie die Diskussion der Unterstützung der Wertschöpfungskette innerhalb des Unternehmens, lassen sich hieran beleuchten. Zudem wird die Problematik eines möglichen ‚Log-In'-Effektes (vgl. Schonschek 2014) in Bezug auf die Services eines einzelnen Anbieters entsprechend transparent.

Fühlt sich ein Unternehmen ‚sicher' mit dem Umgang von Public Cloud Angeboten und deren Einbindung in die zur Verfügung gestellten IT-Services, stellt sich die Frage nach individuellen Lösungsszenarien. Diese lassen sich in der Regel am besten über Cloudplattformangebote wie Amazon Web Services, Microsoft Azure oder die Angebote von IBM abbilden (vgl. Abschn. 6.6).

Der bei klassischer IT-Serverinfrastruktur verfolgte Ansatz der Virtualisierung (ein ‚Hardware Abstraction Layer' (vgl. Huang und Wu 2018) dient hierbei als ‚Zwischenschicht' auf der dann die sogenannten virtuellen Maschinen (VM) ausgeführt werden. Größter Nachteil hierbei ist neben die notwendigen administrativen Aufwände für die eigentliche Technologie, dass jede VM für sich, somit Betriebssystem und installierte Applikationen, beständig aktuell gehalten werden müssen) bietet sich hier eher nicht an.

Der reine Betrieb von virtuellen Maschinen auf entsprechenden Public Cloud Plattformen ist oftmals im Vergleich zu klassischem Rechenzentrumsbetrieb kaufmännisch wenig attraktiv. Angebote wie das langfristige reservieren benötigter Serverinstanzen führen zwar zu verringerten Kosten (vgl. Microsoft 2021u), allerdings um den Preis der Flexibilität welche Public Cloud basierter Rechenzentrumsbetrieb gerne für sich in Anspruch nimmt. Um sich von den beschriebenen Problemen zu lösen, bietet sich er Ansatz der Containertechnologie (vgl. Techchannel 2021) an.

Da Container eine komplette Laufzeitumgebung darstellen (inkl. Programmbibliotheken, Konfigurationsdateien und allen sonst nötigen Tools) werden Unterschiede hinsichtlich Betriebssystem-Distributionen und der darunterliegenden Infrastruktur abstrahiert. Auf diese Weise erstellte Programme, lassen sich somit vergleichsweise einfach von Betriebsplattform zu Betriebsplattform umziehen (vgl. Trüstedt 2017).

Da sich Container basierte Programme auf einem Server Ressourcen teilen (wie z. B. das Betriebssystem) nutzen sie diese auch wesentlich effizienter. Darüber hinaus sind Container basierte Programme nicht monolithisch aufgebaut, sondern stellen sogenannte ‚Microservices‘ (vgl. Redhat 2021a) dar, welche sich erheblich leichter managen lassen. Diese zudem über Open Source Angebote wie OpenShift, eine unternehmensfähige, auf Kubernetes aufsetzende Hybrid Cloud-Plattform (vgl. Redhat 2021b) verwaltet werden können.

In diesem Zusammenhang taucht immer wieder der Begriff ‚DevOps‘ (vgl. Augsten 2017) auf. Das Kunstwort welches sich aus den Begriffen Development und IT-Operations zusammensetzt, beschreibt dabei im Wesentlichen einen methodischen Ansatz im Umfeld der agilen Softwareentwicklung. Gemeint ist damit nicht ein Methoden-baukasten auf den man als Unternehmen zurückgreifen kann. Stattdessen erfordert der Ansatz in vielen Fällen einen Wandel innerhalb der Unternehmenskultur in Bezug auf die Zusammenarbeit einzelner Abteilungen und Geschäftsbereiche (vgl. Kim et al. 2015).

Damit zeigt sich auch die Komplexität der Idee. Die Entwicklung von „Cloud nativen Anwendungen", welche die Wertschöpfung des Unternehmens nachhaltig unterstützen, ist wesentlicher komplexer als der vergleichsweise einfache Einsatz einer einzelnen Applikation oder eines Services. Denn dies erfordert einen vollkommen neuen, methodischen Ansatz und damit einen Paradigmenwechsel innerhalb des Unternehmens, welcher weit über die eigentliche IT-Abteilung herausreicht. Das Vorhaben ist als grundlegend eigenständiges Projekt im Umfeld von Methoden und Public Cloud Services einzustufen.

6.8   Begleitende Fragestellungen

Nicht zu vernachlässigen ist die Frage nach dem zukünftigen Betriebsmodell einer hybriden Infrastruktur. Dies beginnt bei der grundlegenden Überlegung ob die Administration der Umgebung durch die unternehmenseigene IT-Abteilung erfolgen soll, oder durch einen Serviceanbieter. Dabei geht es neben der Ausbildung der eigenen Mitarbeiter, auch um Fragen der Providersteuerung. Nicht zuletzt muss geklärt sein, ob die eigenen IT-Personal Ressourcen nicht für Projekte entlang der Wertschöpfungskette des Unternehmens benötigt werden.

Zudem bietet sich ein ‚Cloud Governance' Modell zur unternehmensinternen Nutzung bzw. Einführung von Public Cloud Lösungen an. Die Anbieter entsprechender Public Cloud Services, bieten hierbei ebenfalls Unterstützung. So bietet Microsoft beispielsweise das s.g. ‚Cloud Adoption Framework' (vgl. Microsoft 2019c). Ein ebensolches Modell bietet auch ‚Amazon Web Services' an (vgl. Amazon 2021c). Hierbei geht es um grundlegende Fragestellungen des Kostenmanagements (Verrechnung von Cloudservices, Preisvergleiche, zentrales Management), der IT-Sicherheit (mit Blick auf Schnittstellen sowie die Implementierung der genutzten Dienste), sowie der zur Verfügung Stellung der genutzten Services innerhalb des Unternehmens.

Letztlich muss ein entsprechendes Modell den hybriden Betrieb von IT-Services mit den geschäftsstrategischen Anforderungen entlang der Wertschöpfungskette des Unternehmens harmonisieren.

6.9   Das IT-Sicherheitskonzept als konzeptionelle Klammer

Entscheidend für den aus unternehmerischer Sicht erfolgreichen Betrieb hybrider IT-Infrastrukturen ist ein entsprechendes IT-Sicherheitskonzept (vgl. BSI 2021b). Dabei ist dieses nicht als ‚Ansammlung' entsprechender Produkte zu verstehen sondern als umfassende Klammer um den ‚Geschäftsbetrieb' des Unternehmens. Denn IT-Sicherheit beginnt bei den Mitarbeitern und deren Verhaltensweisen. Ergänzende unterschiedliche Anbieter von IT-Sicherheitsprodukten Ansätze für den Schutz von Endgeräten, Serverumgebungen sowie der Überwachung des ein- sowie ausgehenden Datenverkehres.

Wichtig ist, diese Lösungen systematisch auf die gewünschte Zielumgebung und deren individuelle Anforderungen abzustimmen.

Letztlich lässt sich der IT-Sicherheitslevel der eigenen Mitarbeiter bzw. der technischen Ausstattung durch Ansätze des ‚Social Engineering' (vgl. BSI 2021c) bzw. Penetrationstests (kurz Pen Test, vgl. RedTeam Pentesting GmbH 2021) überprüfen umso ggf. Schwachstellen aufzudecken. Selbst erstellte Software und auch Standardsoftware lassen sich durch sogenanntes Fuzzing (vgl. Sakal 2011) auf Schwachstellen hin überprüfen.

6.10   Praxisbeispiel „Genussvoll Leben GmbH"

Die „Genussvoll Leben GmbH" ist ein Handelsunternehmen der Nahrungsgenussmittelbranche. Als Zwischenhandelspartner ohne Endkonsumentenkontakt für hochwertige Genussmittel liegen die unternehmerischen Schwerpunkte im weltweiten Einkauf und Verkauf der Waren.

Das Unternehmen blickt nicht ohne Stolz auf eine über vierzigjährige Unternehmenstradition zurück. Die Unternehmensführung sah den Einsatz von Informationstechnologie dabei immer als ‚Hilfsinstrument' für die logistische Abwicklung bzw. die Unterstützung kaufmännischer Prozesse.

Entsprechend blieben größere Investitionen in die IT-Infrastruktur lange Zeit aus. Zudem zeigt sich dies auch in der Personalstärke des IT-Teams. Bei 500 Mitarbeitern weltweit, standen dem kurz vor dem Ruhestand stehenden IT-Leiter, bisher nur 3 Kollegen als Unterstützung zur Verfügung.

Seit Beginn des Jahres findet jedoch ein Umdenken innerhalb der Unternehmensleitung in Bezug auf die hauseigene IT-Infrastruktur statt. Eine Umfrage unter Mitarbeitern und Bewerben ergab, dass diese die zur Verfügung gestellten IT-Infrastruktur als ‚unattraktiv' bewerten. Zudem herrscht in der Branche ein genereller Trend zur Digitalisierung von Geschäftsprozessen.

Eine interne Analyse zeigte darüber hinaus, dass die im Haus eingesetzten Softwarekomponenten zu großen Teilen nicht mehr unter Wartung stehen und insbesondere im Serverumfeld Versionen eingesetzt werden, für die es keine Unterstützung der Hersteller mehr gibt. Ein ähnliches Bild zeigte sich hier bei der eingesetzten Hardware.

Der neu berufene IT-Leiter (welcher von seinem Amtsvorgänger noch einige Monate begleitet wird) beschloss daraufhin, einen externen Beratungsauftrag an ein renommiertes IT-Systemhaus zu vergeben, um der Geschäftsleitung einen validen Vorschlag in Bezug auf eine, die eigene Wertschöpfungskette unterstützende, neue IT-Infrastruktur machen zu können.

Ergebnisse Externe Analyse
Eine erste Ergebnispräsentation, stützt den bisherigen Eindruck des neuen IT-Verantwortlichen.

- Die Analyse des ‚Active Directory' (AD) zeigt eine organische gewachsene, inkonsistente Struktur im Aufbau.
- Hardware sowie Software der virtualisierten Serverumgebung sind veraltet. Die verwendeten Remote Desktop Services müssten im Falle einer Erneuerung von IT-Serverkomponenten vollständig ersetzt werden.
- Der ausgelagerte Emailservice zeigt sich im Vergleich zu einem entsprechenden Hyperscaler-Angebot als funktional

unterlegen und dabei jedoch deutlich teurer in Bezug auf die mtl. Kosten.

- Ein einheitliches Managementsystem für Endgeräte ist nicht vorhanden. Tablets sowie Smartphones sind zwar an den verwendeten Emaildienst angebunden, eine zentrale Verwaltung findet jedoch nicht statt.
- Ein umfassenden IT-Security-Konzept (Endgeräte, Server, Gateways) ist nicht vorhanden. Analysen zeigen, dass dem Unternehmen bereits Daten entwendet wurden.

Zudem fällt auf, dass Mitarbeiter einzelner Abteilungen bereits ohne Rücksprache mit der zentralen IT-Abteilung Public Cloud Services nutzen, bzw. Unternehmensdaten ‚unkontrolliert‘ über Cloud-Shares mit anderen Abteilungen sowie Geschäftspartnern teilen.

Das begleitend stattfindende Software-Assetmanagement Projekt ergab, dass der komplette Bestand an verwendeter Software nicht mehr unter Wartung steht, von den Herstellern die meisten Versionen nicht mehr mit Sicherheitsupdates versorgt werden und zudem eine Vielzahl an Compliance Verstößen auszumachen sind.

Workshop Neukonzeption

Aufgrund des Gesamtbildes beschließt der Dienstleister, ein Konzept für eine vollkommen neue, hybride IT-Infrastruktur anzubieten. Im Rahmen eines mehrtägigen Workshops mit unterschiedlichen Vertretern einzelner Abteilungen entsteht ein ‚Gesamtbild‘ der Anforderungen an die zukünftigen IT-Services. Grundlage ist dabei eine vollkommen neu gestaltetes ‚Active Directory‘ welches zukünftig die Basis nicht nur für ein entsprechendes ‚Identitymanagement‘ bilden soll, sondern auch den ‚Anker‘ für die Verwaltung eingesetzter Software, Services, Endgeräteverwaltung sowie dem IT-Securitykonzept bildet.

Eine neue Serverinfrastruktur trennt individuell kritische Dienste welche weiterhin lokal betrieben werden, sowie flexibel zu nutzenden IaaS. Bei dem Design der Public Cloud Serverdienste wird durch den Dienstleiter darauf geachtet, eine möglichst verursachungsgerechte interne Verrechnung sicher stellen zu können.

Zudem bei der Lizenzierung der notwendigen Server Software im Fokus steht, Workloads ‚kostengünstig' (aus Lizenzierungssicht) zwischen Eigenbetrieb und Public Cloud Service ‚verschieben' zu können.

Für den Bereich Kollaboration entscheidet sich das Unternehmen für das Angebot eines großen Anbieters von Public Cloud Services. Teil der Lösung ist ein umfassendes, revisionssicheres BackUp Konzept.

Die Administration der zukünftigen Umgebung möchte man als Service von dem Dienstleister beziehen um nicht weiteres Personal im IT-Umfeld einstellen zu müssen. Zudem die Geschäftsleitung an die bestehende IT-Mannschaft den Anspruch formuliert hat, die wertschöpfenden Prozesse des Unternehmens nach und nach zu digitalisieren.

IT-Sicherheitskonzept
Ergänzend wurde ein umfassendes IT-Sicherheitskonzept erarbeitet welches neben technischen Komponenten, auch eine Sensibilisierung der Mitarbeiter durch einen Anbieter aus dem Umfeld des ‚Social-Engineering' vorsieht (vgl. Abb. 6.1).

Abb. 6.1 IT-Sicherheitskonzept

Literatur

Amazon (2021a): AWS-Preise – Wie werden die Preise für AWS berechnet? Online unter: https://aws.amazon.com/de/pricing, Abruf am 28.09.2021

Amazon (2021b): Amazon RDS Reserved Instances, online unter https://aws.amazon.com/de/rds/reserved-instances, Abruf am 28.09.2021

Amazon (2021c): AWS Cloud Adoption Framework, online unter: https://aws.amazon.com/de/professional-services/CAF/, Abruf am 30.09.2021

Augsten, Stefan (2017): Definition „Development & Operations" Was ist DevOps?, in: DevInsider, 04.01.2017, online unter: https://www.dev-insider.de/was-ist-devops-a-570286/, Abruf am 30.09.2021

Azure Microsoft (2021): Preisrechner – Kosten für Azure Produkte konfigurieren und schätzen, online unter: https://azure.microsoft.com/de-de/pricing/calculator, Abruf am 28.09.2021

Kim, Gene, Behr, Kevin, Spafford, George (2015): Projekt Phoenix, Heidelberg, O'Reilly Verlag GmbH

Brassel, S., Gadatsch A., Kremer, S. (2015): Lizenz-Controlling für Software – Wirksames IT-Kostenmanagement durch effizientes Software-Assetmanagement, Controller Magazin 2015 Juli/ August – Ausgabe 4, S. 68–72

Brassel, Stefan; Gadatsch, Andreas (2020): Einführung von Public Cloud Services – Herausforderungen und Lösungsansätze aus der Praxis, in: HMD, Praxis der Wirtschaftsinformatik (Published Online 01.09.2020), HMD Praxis der Wirtschaftsinformatik, 57(5), 949–960, https://doi.org/10.1365/s40702-020-00652-5

Bundesministerium der Finanzen (2019): Grundsätze zur Ordnungsmäßigen Führung von Büchern, Aufzeichnungen und Unterlagen in elektronischer Form sowie zum Datenzugriff (GoBD), online unter https://www.bundesfinanzministerium.de/Content/DE/Downloads/BMF_Schreiben/Weitere_Steuerthemen/Abgabenordnung/2019-11-28-GoBD.pdf?__blob=publicationFile&v=9, Abruf am 21.09.2021

Bundesministerium für Wirtschaft und Energie (2021): Europäische Datenschutz-Grundverordnung, online unter https://www.bmwi.de/Redaktion/DE/Artikel/Digitale-Welt/europaeische-datenschutzgrundverordnung.html, Abruf am 20.09.2021

BSI (2021a): Der Wert der Informationssicherheit: Zertifizierung und Anerkennung durch das BSI, online unter: https://www.bsi.bund.de/DE/Themen/ZertifizierungundAnerkennung/Managementsystemzertifizierung/Zertifizierung27001/GS_Zertifizierung_node.html, Abruf am 20.09.2021

BSI (2021b): Onlinekurs: Informationssicherheit mit IT-Grundschutz, online unter: https://www.bsi.bund.de/DE/Themen/Unternehmen-und-Organisationen/Standards-und-Zertifizierung/IT-Grundschutz/Zertifizierte-Informationssicherheit/IT-Grundschutzschulung/it-grundschutzschulung_node.html, Abruf am 30.09.2021

BSI (2021c): IT-Sicherheit am Arbeitsplatz, online unter: https://www.bsi. bund.de/DE/Themen/Verbraucherinnen-und-Verbraucher/Cyber-Sicherheitslage/Methoden-der-Cyber-Kriminalitaet/Social-Engineering/ IT-Sicherheit-am-Arbeitsplatz/it-sicherheit-am-arbeitsplatz_node.html, Abruf am 30.09.2021

Cisco (2021): Cisco Intersight Workload Optimizer, online unter: https:// www.cisco.com/c/en/us/products/servers-unified-computing/workload-optimization-manager/index.html, Abruf am 28.09.2021

Huang, Dijiang; Wu Huijun (2018): Hardware Abstraction Layer (HAL), in Mobile Cloud Computing, 2018, online unter: https://www.sciencedirect.com/ topics/computer-science/hardware-abstraction-layer, Abruf am 28.09.2021

IBM (2021): IBM Cloud Preisstruktur, Wettbewerbsvorteile durch flexible Cloud-Abrechnungsoptionen für jedes Unternehmen, online unter: https:// www.ibm.com/de-de/cloud/pricing, Abruf am 28.09.2021

Microsoft (2019a): Worum handelt es sich beim einmaligen Anmelden (Single Sign-On, SSO), 03.12.2019, online unter: https://docs.microsoft.com/ de-de/azure/active-directory/manage-apps/what-is-single-sign-on, Abruf am 21.09.2021

Microsoft (2019b): MS Planner – How to create daily backups for enterprise Office 365 user, 24.01.2019, online unter: https://answers.microsoft.com/ en-us/msoffice/forum/all/ms-planner-how-to-create-daily-backups-for/ f3709a30-d9e1-4101-a484-72caa8a56eb6, Abruf am 28.09.2021

Microsoft (2019c): Die fünf Disziplinen der Cloud Governance, 17.09.2019, online unter: https://docs.microsoft.com/de-de/azure/cloud-adoption-framework/govern/governance-disciplines, Abruf am 30.09.2021

Microsoft (2020a): Hybrididentität und Verzeichnissynchronisierung für Microsoft 365, 30.09.2020, online unter https://docs.microsoft.com/de-de/office365/ enterprise/plan-for-directory-synchronization, Abruf am 21.09.2021

Microsoft (2020b): Prinzipien von Microsoft 365-Netzwerkverbindungen, 23.06.2020, online unter https://docs.microsoft.com/de-de/microsoft-365/ enterprise/microsoft-365-network-connectivity-principles?view=o365-worldwide, Abruf am 21.09.2021

Microsoft (2021a): Analysen zur Nutzung von Microsoft 365, online unter: https://docs.microsoft.com/de-de/microsoft-365/admin/usage-analytics/ usage-analytics?view=o365-worldwide, Abruf am 20.09.2021

Microsoft (2021b): Microsoft 365, Mehr erreichen mit innovativen Office-Anwendungen, intelligenten Clouddiensten und erstklassiger Sicherheit, online unter https://www.microsoft.com/de-de/microsoft-365?&ef_id=EAIaI-QobChMIr8Om_cON6AIVGODtCh0aXgXaEAAYASAAEgJTovD_ BwE:G:s&ef_id=EAIaIQobChMIr8Om_cON6AIVGODtCh0aXgXaEAA-YASAAEgJTovD_BwE:G:s&OCID=AID2000748_SEM_eUG-XheLv&MarinID=seUGXheLv%7C250598191189%7C%2Bmicrosoft%20 %2B365%7Cb%7Cc%7C%7C51591303317%7Ckwd-299280425737&lnkd=Google_O365SMB_Brand&gclid=EAIaIQob-ChMIr8Om_cON6AIVGODtCh0aXgXaEAAYASAAEgJTovD_BwE, Abruf am 20.09.2021

Microsoft (2021c): Employee Experience. Help you customers improve employee experience in the hybrid workplace, online unter: https://www.microsoft.com/microsoft-365/partners/workplaceanalytics, Abruf am 21.09.2021

Microsoft (2021d): Azure-Hybridvorteil für Windows Server, online unter: https://docs.microsoft.com/de-de/azure/virtual-machines/windows/hybrid-use-benefit-licensing, Abruf am 21.09.2021

Microsoft (2021e): Azure-Hybridvorteil. Erzielen Sie erhebliche Einsparungen in Azure, indem Sie vorhandene lokale Windows Server- und SQL Server-Lizenzen in der Cloud nutzen – ohne Zusatzkosten, online unter: https://azure.microsoft.com/de-de/pricing/hybrid-benefit/, Abruf am 21.09.2021

Microsoft (2021f): Neuigkeiten und Updates zu Microsoft Identity Manager 2016, 03.09.2021, online unter: https://docs.microsoft.com/de-de/microsoft-identity-manager/microsoft-identity-manager-2016, Abruf am 21.09.2021

Microsoft (2021g): Bewerten der Office-Kompatibilität, 28.08.2021, online unter: https://docs.microsoft.com/de-de/deployoffice/compat/assess-office-compatibility, Abruf am 21.09.2021

Microsoft (2021h): Office 365 Business Premium auf Terminalserver möglich?, online unter: https://social.technet.microsoft.com/Forums/de-DE/8d0d6588-d6e1-4a1a-bd7f-3fc59e8c14ef/office-365-business-premium-auf-terminalserver-mglich?forum=office_generalde, Abruf am 21.09.2021

Microsoft (2021i): Der Support für Windows 7 endet am 14. Januar 2020, online unter: https://support.microsoft.com/de-de/help/4057281/windows-7-support-ended-on-january-14-2020, Abruf am 21.09.2021

Microsoft (2021j): Diagnose- und Nutzungsdaten komplett deaktivieren, online unter: https://answers.microsoft.com/de-de/windows/forum/all/diagnose-und-nutzungsdaten-komplett-deaktivieren/2bd994bb-82dc-41ec-8da4-83dfc1ba90d6, Abruf am 21.09.2021

Microsoft (2021k): Windows Versionsintegrität, online unter: https://docs.microsoft.com/de-de/windows/release-information/, Abruf am 21.09.2021

Microsoft (2021l): Was ist Microsoft Virtual Desktop?, 14.07.2021, online unter https://docs.microsoft.com/de-de/azure/virtual-desktop/overview, Abruf am 21.09.2021

Microsoft (2021m): Revisionssicherer (sic!) E-Mail Archivierung, online unter: https://answers.microsoft.com/de-de/msoffice/forum/msoffice_o365admin/revisionssicherer-e-mail-archivierung/cc78c02e-df8e-4fe3-a202-c553f2712edf, Abruf am 21.09.2021

Microsoft (2021n): RSS-Feeds für Entwickler und IT-Professionals, online unter: https://www.microsoft.com/de-de/techwiese/rss/default.aspx, Abruf am 22.09.2021

Microsoft (2021o): Informationen zu Aufbewahrungsrichtlinien und Aufbewahrungsbezeichnungen, 23.09.2021, online unter: https://docs.microsoft.com/de-de/microsoft-365/compliance/retention-policies?view=o365-worldwide, Abruf am 23.09.2021

Microsoft (2021p): Microsoft 365 guidance for security & compliance, 21.09.2021, online unter https://docs.microsoft.com/en-us/office365/servicedescriptions/microsoft-365-service-descriptions/microsoft-365-tenantlevel-services-licensing-guidance/microsoft-365-security-compliance-licensing-guidance, Abruf am 23.09.2021

Microsoft (2021q): Lizenzbedingungen, online unter https://www.microsoft.com/de-de/licensing/product-licensing/products.aspx?rtc=1, Abruf am 28.09.2021

Microsoft (2021r): Exchange Onlinebegrenzungen, 26.09.2021, online unter: https://docs.microsoft.com/de-de/office365/servicedescriptions/exchange-online-service-description/exchange-online-limits?redirectedfrom=MSDN, Abruf am 28.09.2021

Microsoft (2021s): Microsoft Teams, online unter: https://products.office.com/de-de/microsoft-teams/group-chat-software?market=de, Abruf am 28.09.2021

Microsoft (2021t):Microsoft Planner, online unter: https://products.office.com/de-de/business/task-management-software, Abruf am 28.09.2021

Microsoft (2021u): Was sind Azure-Reservierungen?, online unter: https://docs.microsoft.com/de-de/azure/cost-management-billing/reservations/save-compute-costs-reservations, Abruf am 28.09.2021

Microsoft Branchenblogs (2019): Neue Funktionen in Microsoft 365 erleichtern das Einhalten der DGSVO, online unter: https://cloudblogs.microsoft.com/industry-blog/de-de/uncategorized/2019/02/22/neue-funktionen-in-microsoft-365-erleichtern-das-einhalten-der-dsgvo-2/, Abruf am 22.09.2021

Microsoft Blog (2020): Microsoft 365: die neuen Angebote für kleine und mittelständische Unternehmen, 30.03.2020, online unter: https://www.microsoft.com/de-de/microsoft-365/blog/2020/03/30/new-microsoft-365-offerings-small-and-medium-sized-businesses/, Abruf am 23.09.2021

Microsoft Power BI blog (2015): What is a tenant?, 09.03.2015, online unter: https://powerbi.microsoft.com/de-de/blog/what-is-a-tenant, Abruf am 22.09.2021

Redhat (2021a): Microservices – Was sind Microservices, online unter https://www.redhat.com/de/topics/microservices/what-are-microservices, Abruf am 28.09.2021

Redhat (2021b): Microservices – Warum Redhat für Microservices?, online unter https://www.redhat.com/de/topics/microservices/why-choose-redhat-microservices, Abruf am 30.09.2021

RedTeam Pentesting GmbH (2021): Pentest, online unter: https://www.redteam-pentesting.de/de/pentest/-was-ist-ein-penetrationstest, Abruf am 30.09.2021

Sakal, Peter (2011): Penetration Testing. Fuzzing entlarvt Schwachstellen in Standard- und Individualsoftware, online unter. https://www.security-insider.de/fuzzing-entlarvt-schwachstellen-in-standard-und-individual-software-a-311406/?p=3, Abruf am 30.09.2021

Schonschek, Oliver (2014): Cloud: Der Lock-In-Effekt und die Folgen für den Datenschutz, online unter: https://www.computerweekly.com/de/ratgeber/Cloud-Der-Lock-In-Effekt-und-die-Folgen-fuer-den-Datenschutz, Abruf am 28.09.2021

Schultzki-Haddouti, Christiane (2020): Microsoft weiß, wo deine freie Zeit bleibt, online unter https://www.golem.de/news/datenschutz-bei-myanalytics-microsoft-weiss-wo-deine-freie-zeit-bleibt-2003-146761.html, Veröffentlicht am 02.03.2020, Abruf am 20.09.2021

Techchannel (2021): Docker FAQ – Wofür Sie Container brauchen, online unter: https://www.tecchannel.de/a/container-vs-virtualisierung,3201845, Abruf am 28.09.2021

Trüstedt, Jonas (2017): Containerplattform: Lego für DevOps, 07.11.2017, online unter https://www.informatik-aktuell.de/entwicklung/methoden/containerplattform-lego-fuer-devops.html, Abruf am 28.09.2019

Veeam (2021): Unternehmenswebseite, online unter https://www.veeam.com/de, Abruf am 21.09.2021

Veritas (2021): Unternehmenswebseite, online unter https://www.veritas.com/de/de, Abruf am 21.09.2021

Handlungsempfehlungen für das Management 7

Zusammenfassung

In diesem Kapitel geben die Autoren, unter Berücksichtigung der bisherigen Ausführungen, eine Empfehlung für einen konzeptionellen Ansatz in Bezug auf eine IT-Sourcing Strategie ab. Dabei geht es neben technischen Fragestellungen insbesondere um die zu berücksichtigenden Themenfelder sowie die grundlegende Integration von IT-Sourcing Entscheidungen in die Unternehmensstrategie. Das Kapitel schließt mit einem Blick auf die Auswirkungen einer ‚Make or Buy'-Entscheidung von IT-Services im Sinne einer kritischen Selbstreflexion für Entscheider.

7.1 IT-Sourcing Strategie für das Top-Management

Die bisherigen Ausführungen legen die Notwendigkeit nahe, einzelne IT-Entscheidungen nicht isoliert zu betrachten, sondern ganzheitlich. Software Produkte sowie der Unternehmenseinsatz von Public Cloud-Diensten, welche von Anbietern wie Microsoft zunehmend als Nachfolgeprodukte klassischer Softwarelösungen positioniert werden, verdeutlichen die untrennbare Verflechtung der grundsätzlichen Unternehmens- mit der IT-Strategie. Dies ist nicht zuletzt auch vor dem Hintergrund der immer stärker in den Vordergrund rückenden Rolle der IT abseits des Bereitstellens rei-

© Springer Fachmedien Wiesbaden GmbH, ein Teil von Springer Nature 2023
S. Brassel, A. Gadatsch, *Softwarelizenzmanagement kompakt*, IT kompakt, https://doi.org/10.1007/978-3-658-39845-3_7

ner Infrastruktur als Bestandteil der Wertschöpfungskette bis hin zum Innovationstreiber für neue Produkte und deren Eigenschaften (Industrie 4.0) wichtig.

Dabei gilt es im ersten Schritt die Frage nach den unternehmenseigenen Kernkompetenzen zu klären, sowie einer möglichen IT-Abhängigkeit eben dieser.

Kritisch zu hinterfragen ist, ob interne Prozesse aufgrund eines historischen Wachstums komplex sind, oder ob hier eine ‚echte' Wertschöpfung erfolgt oder ein klarer Wettbewerbsvorteil vorliegt.

Wo ein Höchstmaß an Individualität sowie Flexibilität gefordert ist (von welchen im Zweifel der Unternehmenserfolg abhängen kann), scheiden standardisierte Public Cloud Services mit starren Nutzungsregelungen aus.

Ebenso wichtig ist es jedoch, generische IT-Services zu identifizieren und im Zweifel durch Public Cloud Services zu ersetzen, um die notwendigen Mittel frei zu setzen und in zukunftsweisende IT-Infrastrukturen und Dienste zu investieren.

Es entsteht ein ‚Hybrides IT-Ökosystem' aus selbst betriebener IT-Infrastruktur, Public Cloud Services und ggf. darüber hinaus zugekauftem Hosting (z. B. für ein ERP-System) sowie Service Desk und Endgeräte-Diensten. Zur besonderen Problematik des Managements von ERP-Lizenzen sei auf den Aufsatz der Autoren im Heft der 3 der Zeitschrift ERP-Management verwiesen (Brassel und Gadatsch 2022).

Auch ist es entlang gesetzlicher Forderungen, wie z. B. die Notwendigkeit der revisionssicheren Emailarchivierung (vgl. ChannelPartner 2019) oder durch im Unternehmen einzuhaltende Normen (beispielsweise die ISO 9001: 2015, vgl. TÜV 2019a oder die ISO 27001, vgl. TÜV 2019b) entscheidend, für die einzelnen Komponenten der eigenen IT-Strategie ein ganzheitliches, gesetzeskonformes IT-Backup-Konzept vorzuhalten. Dies bedeutet, dass sowohl für den Eigenbetrieb, als auch für die möglicherweise bezogenen Public Cloud Services eine Backup-Strategie vorhanden sein muss.

Darüber hinaus erfordert der Einsatz von Public Cloud Services grundsätzlich einen ganzheitlichen Ansatz. Es gilt viele unternehmensinterne Abläufe sowie Prozesse zu hinterfragen und ggf. neu zu gestalten.

So bedarf beispielsweise der Einsatz von Office 365 und begleitenden Services ein grundlegendes ‚Active Directory Konzept'. Wird der Einsatz (was notwendigerweise erfolgen sollte) von Public Cloud Services im Unternehmen nicht nur vor dem Hintergrund von kurzfristigen Kostensenkungsaspekten diskutiert, sondern insbesondere mit Blick auf technologische Innovation und schlankere Prozesse, rückt das Thema Identitätsmanagement (Berechtigungskonzepte) sowie Komplexitätsreduktion z. B. durch ‚Single Sign On' in den Vordergrund. Dies erfordert jedoch, entsprechende konzeptionelle Planung. In Bezug auf das gewählte Beispiel Office 365 neben rein architektonischen Fragestellungen, auch die Struktur für sogenannte ‚Active Directory Federation Services' ADFS (vgl. Microsoft 2019).

Notwendig ist zudem der Blick auf durch das Unternehmen zu erbringenden Eigenleistungen. Hybride Infrastrukturen benötigen ebenfalls administrative Pflege und Aufwände. Dabei steigt die Komplexität im Umfeld der Public Cloud Services aufgrund der höheren Innovationsgeschwindigkeit deutlich an. Dies wiederum wirft die Fragestellung nach einem möglichen ‚Sourcing' von Administrationsleistungen auf.

Der Reiz unterschiedlichste ‚Dienste' verschiedenen Anbieter einsetzen zu können, birgt dabei jedoch nicht nur technologische Freiheiten, sondern erzeugt auch mehr Komplexität, nicht zuletzt im Einsatz und damit auch in Bezug auf das Management (Abrechnungsmodalitäten, unterschiedliche Nutzungsrechte, etc.) der Dienste. Setzen Unternehmen auf eine heterogene Landschaft an IT-Serviceangeboten, benötigt man notwendigerweise auch ein Konzept zum ‚Multicloud- bzw. Providermanagement'.

Als allumfassende Klammer und damit konzeptionell komplexestes Problem, ist dabei die IT-Sicherheitsstrategie zu sehen. Neben rein technischen Fragestellungen in hybriden Infrastrukturen, wie Sicherheitskonzepte einzelner Dienste sowie der damit verbundenen eigenen Infrastruktur stellt sich zunehmend auch die Frage nach dem Management und damit der Sicherheit von Endgeräten.

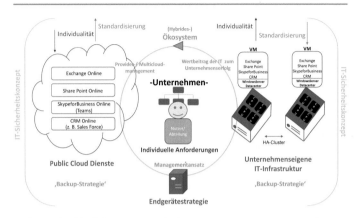

Abb. 7.1 Strategischer Ansatz

Zudem gerät insbesondere der Bereich ‚Social Engineering‘ (vgl. BSI 2019) zunehmend in den Fokus von IT-Sicherheitskonzepten. Denn die aufwendigsten technischen Sicherungsmaßnahmen und Konzepte können durch einen sorglosen Umgang von Mitarbeitern mit Daten und Technologien, schnell an Bedeutung und damit Wirksamkeit verlieren.

Die Abb. 7.1 fasst den konzeptionellen Einsatz von Public Cloud Technologien im Unternehmenseinsatz und damit die vorausgegangenen Ausführungen schematisch zusammen.

7.2 Auswirkung der Make or Buy-Fragestellung

Bei klassischen ‚Outsourcing Ansätzen‘ in Unternehmen war der Treiber oftmals die Kostenreduktion. Bei der Anbieterauswahl wurde zumeist darauf geachtet, dass die im Rahmen von SLAs garantierten Services möglichst günstig angeboten wurden.

IT-Prozesse wurden zumeist nicht hinterfragt, sondern einfach ‚übergeben‘. Damit vergaben viele Unternehmen die Chance das Potenzial von Outsourcing Entscheidungen tatsächlich zu nutzen.

Dabei ist der Ansatz gerade im Standardsoftwareumfeld nicht so ungewöhnlich. Viele Unternehmen setzten in der Vergangenheit auf den Einsatz von Standardsoftware, um die damit verbundenen und erprobten Prozesse gleich mit einführen zu können. Der Einsatz von SAP ERP Software kann hier als klassisches Beispiel genannt werden.

Im Umfeld von Services wie Office 365 wiederholt sich dies nun, denn diese Dienste bedingen zumeist einen Eingriff in die im Unternehmen vorhandenen Prozesse, da die dahinterliegenden Verträge und technischen Gegebenheiten nicht verhandelbar sind (vgl. die vorangegangenen Ausführungen).

Notwendigerweise gilt es, wie in Abschn. 6.1 dargelegt, einen umfassenden strategischen Ansatz mit Blick der unternehmensinternen Anforderungen an bestehende oder zu zugekaufte IT-Services zu entwickeln.

Dabei dürfen insbesondere vermeintliche Kostensenkungsargumente nicht zu konzeptionellen Planungsfehlern oder sogar technologischen Beschränkungen durch starre Verträge und Nutzungsrechten führen.

Dieser Umstand unterstreicht noch einmal die Bedeutung der Entscheidung partiellen Outsourcings von IT-Diensten und Services und damit der notwendigen Aufmerksamkeit der ganzen Unternehmensführung sowie der unbedingten Analyse der eigenen IT-Prozesse und somit Trennung generischer sowie kernkritischer Bestandteile.

Abschließend ist die Aufmerksamkeit der Unternehmensführung nicht zuletzt auch darum notwendig, um mögliche interne Widerstände bei der Belegschaft, welche oftmals im Zuge von Sourcing Entscheidungen auftreten, wahrzunehmen und eine Strategie für den Umgang mit den Bedenken der Mitarbeiter zu entwickeln.

Literatur

Brassel, Stefan; Gadatsch, Andreas: Management von ERP-Lizenzen: Vom Softwarekauf zum Subskriptionsmodell, in: ERP-Management, Heft 3, Juli, 2022, Seite 27–30

Brassel, S.; Gadatsch, A: IT-Management in turbulenten Zeiten: Vom IT-Leiter über den CIO zum CDO, in: Gadatsch, A.; Ihne H.; Monhemius, J.; Schreiber, D. (Hrsg.): Nachhaltiges Wirtschaften im digitalen Zeitalter - Innovation - Steuerung - Compliance, Wiesbaden, 2018, S. 121–134

Brassel, S.; Gadatsch, A.: Softwarenutzung im Umbruch: Von der Softwareli-
    zenz zum Cloudbasierten Business Process Outsourcing, HMD Praxis der
    Wirtschaftsinformatik, 2017, 54(1), 156–164, https://doi.org/10.1365/
    s40702-016-0279-9
Brassel, S.; Gadatsch, A.: Neues Lizenzmanagement, in: TRENDREPORT,
    2016, Heft 3, Seite 13 (Abstract unter http://trendreport.de/digital-
    lesen/2016-03/#p=12 und Interview unter http://trendreport.de/lizenzma-
    nagement), 26.10.2016
Brassel, S.; Gadatsch, A.; Kremer, S.: Lizenz-Controlling für Software, Wirk-
    sames IT-Kostenmanagement durch effizientes Software-Assetmanage-
    ment, in: Controller Magazin, Juli / August 2015, Ausgabe 4, S. 68–72
BSI (Hrsg.) (2019): IT-Sicherheit am Arbeitsplatz, https://www.bsi-fuer-
    buerger.de/BSIFB/DE/DigitaleGesellschaft/IT_Sicherheit_am_Arbeits-
    platz/SoEng/Social_Engineering_node.html, Abruf am 17.01.2019
ChannelPartner (Hrsg.): Data Center, https://www.channelpartner.
    de/a/e-mail-aufbewahrung,283801, Abruf am 17.01.2019
Microsoft (Hrsg.) (2019): Grundlegendes zu wichtigen AD FS Concepts,
    https://docs.microsoft.com/de-de/windows-server/identity/ad-fs/technical-
    reference/understanding-key-ad-fs-concepts, Abruf am 17.01.2019
TÜV (Hrsg.) (2019a): ISO 9001 Qualitätsmanagementsystem, https://www.
    tuev-sued.de/management-systeme/iso-9001, Abruf am 17.01.2019
TÜV (Hrsg.) (2019b): ISO 27001 ISMS-Zertifizierung, https://www.tuev-
    sued.de/management-systeme/it-dienstleistungen/iso-27001, Abruf am
    17.01.2019

Fazit

8

Zusammenfassung

Die Veränderungen der Geschäftsstrategien von großen Standardsoftwareanbietern hat zu einer verstärkten Nutzung Cloudbasierter Ansätze der Softwarebereitstellung geführt. Die Konsequenzen für die Unternehmen sind gravierend und betreffen nicht nur die „IT-Abteilung", sondern auch die Führungsebene.

Wird der durch die geänderte Strategie von Standardsoftwareanbietern wie Microsoft gesetzte Fokus auf Public Cloud Services als Nachfolgemodell der klassischen Lizenzierung von der Unternehmensleitung nur unter einem kurzfristigen Kostensenkungsaspekt gesehen, laufen Unternehmen Gefahr, die langfristigen Kosten einer solchen partiellen Outsourcing Entscheidung unberücksichtigt zu lassen.

Damit gehören neben ‚Lock-In-Effekten' (durch den Aufbau von Wechselkosten erschwerter Systemwechsel) auch Haftungsfragen (nicht nur in Bezug auf geltendes Recht, sondern insbesondere in Bezug auf zwischen Unternehmen individuell geschlossenen Verträgen) mit Blick auf Vertragslaufzeiten sowie die Kostenentwicklung der bezogenen Services.

Dazu zeigte Kap. 4 die Notwendigkeit auf, den Einsatz von Public Cloud Services nicht neben einer bestehenden IT-Infrastruktur

© Springer Fachmedien Wiesbaden GmbH, ein Teil von Springer Nature 2023
S. Brassel, A. Gadatsch, *Softwarelizenzmanagement kompakt*, IT kompakt, https://doi.org/10.1007/978-3-658-39845-3_8

als ‚Schatten-IT' zu betreiben, sondern den Einsatz als partielles Outsourcing von IT-Services zu begreifen und damit die Chance zu sehen, interne Services zu klassifizieren um individuelle wie wettbewerbsvorteilbehaftete Strukturen und Dienste von jenen zu trennen, welche sich als standardisierte, zugekaufte Services ggf. sogar nicht nur im ökonomischen Sinn vor dem Hintergrund der unternehmensinternen Arbeitsabläufe als vorteilhaft herausstellen.

Hierzu gehört auch, die eigenen Mitwirkungspflichten zu kennen, zu definieren und zu entscheiden, ob diese selbst erbracht oder ebenfalls zugekauft werden sollen (z. B. Pflege der Active Directory, fortlaufendes Identitätsmanagement, Wartung der bestehenden IT-Infrastruktur, etc.).

Diese Vorgehensweise, kombiniert mit einem in die Unternehmensabläufe integrierten Assetmanagement der genutzten Software und Dienste, bietet nicht nur finanzielle Freiräume durch gezielt Einsparungen, sondern auch die Möglichkeit den Einsatz von hybriden IT-Infrastrukturen als Innovationstreiber im eigenen Unternehmen zu nutzen.

Anstatt sich von auslaufenden Lizenzverträgen und damit dem Interesse der Anbieter von Public Cloud Services treiben zu lassen, bleibt abschließend die entscheidende Bedeutung der Zusammenarbeit der Unternehmensführung mit den IT-Verantwortlichen sowie einer langfristigen, auf den Unternehmenszweck ausgerichteten IT-Sourcing Strategie, welcher eine grundlegende Planungsphase vorausgeht, hervorzuheben.

Glossar

Ausgewählte Fachbegriffe

Begriff	Erläuterung
AD	Active Directory, Verzeichnisdienst der Firma Microsoft, ermöglicht die Untergliederung eines IT-Netzwerkes entsprechend der realen Struktur des Unternehmens oder seiner räumlichen Verteilung.
Boxprodukt	Verkauf von Softwarelizenzen in einer „Verpackung (Box)" mit einem eingelegten Datenträger (z. B. DVD) oder Kennwort für den Download der Software.
CAL	Client Access License, Zugriffsberechtigung (Personen- oder gerätebasiert) für die Nutzung von Microsoftprodukten beim Einsatz von Serverbasierten Lösungen.
capex	Kapitalkosten, z. B. für den Erwerb und die Implementierung von Software
,creative cloud'	Produkt der Firma adobe, welches ein Mietmodell zur Nutzung von Softwareprodukten und Services beinhaltet.
EULA	End User License Agreement, z. B. als Konkretisierung gesetzlicher Bestimmungen über die Nutzung von Software
GWG	Geringwertiges Wirtschaftsgut, z. B. Hardware oder Software bis 800 € (netto).
HA-Cluster	High Availability Technologie, dient der optimalen Ausnutzung von Hardwareressourcen und Verfügbarkeit

© Springer Fachmedien Wiesbaden GmbH, ein Teil von Springer Nature 2023
S. Brassel, A. Gadatsch, *Softwarelizenzmanagement kompakt*, IT kompakt, https://doi.org/10.1007/978-3-658-39845-3

Begriff	Erläuterung
HAL	Hardware Abstraction Layer, Abstraktionsschicht zwischen der Hardware und der darüber liegenden Betriebssystemschicht. Eine wichtige Grundlage für die Mandantenfähigkeit von IT-Systemen.
Hypervisor Technologie	Produkt verschiedener Hersteller (u. a. Microsoft, VM Ware) für die Nutzung der Hardware Abstraction Layer Technologie.
immaterielles Wirtschaftsgut	Nicht physisches wirtschaftlich nutzbares Objekt, z. B. eine Softwarelizenz
IT-Controlling	Planung, Steuerung und Kontrolle des Einsatzes von Informationstechnologien
Load-Balancing	Automatisierte Verteilung der Rechenlast virtualisierter Serversysteme (VMs) auf verschiedene Prozessoren und/oder physikalischer Server um die Arbeitsgeschwindigkeit und Ausfallsicherheit zu erhöhen.
Office 365	Abonnementmodell von Microsoft zur Nutzung von Softwareprodukten (hier Bürosoftware) und Services (z. B. Netzwerkspeicher) beinhaltet.
opex	Betriebskosten, z. B. für den Erwerb und die Implementierung/Nutzung von Cloud-Services
OSE	Operating System Environment (Betriebssystem Umgebung)
Software	Immaterielles Wirtschaftsgut
Softwarelizenz	Recht zur zeitlich, räumlich oder sachlich begrenzten Nutzung von Software.
Terminalserver	Software, welche eine zentrale Speicherung und Verarbeitung von Daten (Server) ermöglicht und für dezentrale Darstellung zur Verfügung stellt. In den 1960–1980er-Jahren war diese Form der Datenverarbeitung der Normalfall, mit dem Aufkommen von Personalcomputern und dem Client-Server-Prinzip wurde sie vorübergehend verdrängt.
POSE	Physical Operating System Environmenet (Physikalische Betriebssystemumgebung)
VOSE	Virtual Operating System Environmenet (Virtuelle Betriebssystemumgebung)

Stichwortverzeichnis

© Springer Fachmedien Wiesbaden GmbH, ein Teil von Springer   137
Nature 2023
S. Brassel, A. Gadatsch, *Softwarelizenzmanagement kompakt*, IT
kompakt, https://doi.org/10.1007/978-3-658-39845-3

Printed in the United States
by Baker & Taylor Publisher Services